把這本書獻給

在天上的爸爸和阿公

空姐報報
EMILY POST

比淚水更美的是

重新開始 的

勇氣 與 自信

Emily（朱芃穎）—— 著

每張明信片都承載了
旅行的美好回憶

飛過的國家
必留下痕跡
舊護照印章照

接到傳說中的
「*Golden call*」
太令人興奮了！

LET'S GO
TRAVEL

阿聯酋的空服員生涯
真的開啟了我的眼界！

Emily

43 likes
阿聯酋制服

Add a comment...
5 minues ago

國泰新名牌

空服員最令人羨慕的
旅遊日常

這身國泰制服，
讓我充滿身為空服員的驕傲！

travel THE wored

杜拜

EXPLORE

Travel TIME

杜拜abaya照

巴黎櫻花

飛機窗戶照

目 錄
Contents

Terminal 1 ╱ 阿聯酋的空姐生涯 眼界限制了我們的想像

Terminal 2 ╱ 轉飛國泰航空 更多的空姐體驗

目 錄

Contents

Terminal 5 ╱ 褪下空姐服

十年磨刀，放下經歷，最終華麗轉身，成為最好的自己

　　這是一本誠摯的好書，不只訴說著 Emily 從菜鳥空服員到資深空姐的心路歷程，更多是職人空姐的堅持、挫折、與迷惘。文字細膩誠懇，故事篇篇精采，彷彿讓人走入機艙的茶水間，窺探空姐的日常點滴，相信此書不僅適合給嚮往成為空服員的你，更推薦給缺乏勇氣追逐夢想的人兒。

　　事實上，多年前 Emily 就是我持續關注的部落客。除了羨慕她在外商航空公司頂著小紅帽成為眾人之星，更多是她無私將筆記、職場祕辛、航空知識分享給讀者。多少社畜下班後只想追劇、耍廢、聚餐，而高壓工作環境下的她卻樂於用圖文與粉絲共享。從阿聯酋到國泰，從杜拜到香港，轉化不同的時差線，始終把粉絲捧在手心，同時也引領新世代人們追逐夢想的天際。

　　身為資深粉的我，就愛她大爆著空中潛規則，私聊空中小故事。沒想到疫情重創航空業，裁員聲四起的她毅然決然

轉全職自媒體，這真是一個很勇敢的決定，畢竟割捨最愛的航空業，就像突然斷了胳膊，站著失去重心。

但 Emily 說：「人生沒有平衡，只有取捨。」相信她的正能量，正是這閱覽十年航空百態所磨練出來的韌性。每一個選擇，都會帶給自己不同的機會，每一個轉折，都會帶自己去最好的嚮往，相信真心喜歡的路，那就是對的路，也是我在此書最大的收穫。

想知道外商航空空中祕辛？想了解如何對付航空奧客？想知道怎麼在國外生活工作打拚？想知道空中愛情浪漫？想知道航空業黑名單？那就絕對不能錯過 Emily 新書。那些飛行的美好與不好，都將成為人生最好的養分，不要輕言放棄夢想，每一個沉澱與轉折，都是蝴蝶破蛹的契機。

　　　　　　旅人作家兼「空姐報報 Emily Post」資深粉絲

　　　　　　雪兒 Cher

從空姐的角度看人性故事，
以及堅持專業的美麗

　　出社會後因緣際會常常出國工作旅遊，每次只要做到長途航班，我都會很認真的默默觀察機組人員，要負責多少區域，從起飛到跨時差到飛機降落中間要做到的各種細節，包含遇到不識相顧客的臨機應變，從廉價航空及各家航空公司，到某些我負擔的起或是莫名被升等的商務艙，這些商業模式 SOP 都是我在漫長的航行旅程中喜歡觀察的細節。

　　空姐似乎是很多女性憧憬的工作之一，很多人為了夢想再辛苦都願意咬牙撐住，其中一位就是 Emily 了，第一次知道她，是她在經營個人品牌期間的文章與故事分享，後續能夠和她透過女力學院對話，才理解空姐這樣的工作，真的是 10％的華麗加上 10％的世界級觀光享受再加上 80％的痛苦自己吞與堅持，當然期間也有非常多時間需要與自己獨處，甚至思鄉。更特別的事情是她用文字與書寫來傳達她看到的故事，讓更多人理解這樣的職位，和我當時做獵頭一陣子後開始做的事情很雷同，因為熱愛自己的工作，看到這些工作

中的美好與背後要付出的犧牲，所以想傳達出去。特別喜歡她在書裡面提到的一段話：「擁抱可愛與不可愛的變動，因為這些變化都會對你的人生帶來截然不同的風景。」似乎所有變動在她的眼前都變成了美的東西，只是用不同方式傳達藝術，把挫折變成風景，把經驗變成畫面，其實非常勵志。

　　再來，服務業其實是很偉大的產業，很多人在職場或是家庭生活中遭遇挫折，就會把氣出在其他能夠受氣的人身上，服務業的工作者很常莫名遭殃，其實仔細思考，儘管在資本主義社會下人的收入程度有分等級，但在健康面前人人平等，如果每個人都可以讓自己身心靈狀態調和到可以控制脾氣，尊重自己與他人的差異，每個人都有值得被崇拜的面向，風水真的是會輪流轉的，怎麼說呢？其實在職場上開始流行一種職位叫作客戶成功經理，很多人的背景就是從服務業與客服與業務轉過去的職位，薪水可能會高到超乎你想像，因為這些人是第一線接觸客戶的職位，最能理解怎麼樣的服務流程最適合所屬企業，能夠因此蒐集資訊，提出建議模式到改善公司產品流程與研發，甚至到參與組織策略，其實是過去一直被忽略但不可或缺的存在，所以也想給所有讀者建議——「一起練習表達感受而不是一味的將情緒訴諸他

人」，其實這樣的練習會讓每個人都在溝通能力上可以成長許多。

書中除了分享許多 Emily 身為空姐看到的人性角度故事，愛情故事（看了以後決定未來坐飛機再也不要蓬頭垢面），各國不同的文化分享，遇到緊急狀況如何應變以外，也分享了很多自己在職場上抉擇的判斷，以及持續個人精進的故事，都非常適合在迷茫時期好好咀嚼，透過他人的故事來借鏡思考自己能夠做些什麼準備，就是一種很好的成長。

女力學院校長 江湖人稱 S 姐

長達十幾年
空服職涯的精選事件
讓人看得拍案叫絕之餘
又驚服 Emily 的空姐精神

收到 Emily 邀請寫新書序時，我本人是非常開心的，說到航空領域的 KOL，Emily 絕對是前輩等級的，我也因此可以名正言順地搶先拜讀這本大作，覺得非常榮幸。

書內沒有艱深的專有名詞，有的是 Emily 長達十幾年空服職涯的精選事件，好幾個故事都讓我大開眼見，也有幾個故事，令人感到揪心，讓我一下大笑，一下讚嘆，果然要飛得夠多，才能見識到人生的百態。

空服員的工作內容是很耗體力的，一趟長程班下來真的是精疲力盡，但我有注意到 Emily 卻還是很勤奮的在更新社群貼文跟照片，同為社群經營者真的好生佩服。

其實從書中就可以看得出 Emily 的人生態度，從自願

放棄長榮空服錄取資格，到後來如願考上阿聯酋航空的空服員，她想要的她就會願意努力並去執行達成，對於做事常常半調子的我，真的是邊看邊汗顏。

　　我也從她在書中關於杜拜的生活分享，回想起我當年去杜拜旅遊的畫面，Safari 的體驗到現在還難以忘懷，如今深受疫情影響，大概也只能藉由 Emily 的文字神遊一番了。

　　最後還是要恭喜 Emily 出了新書，且卸下多年空服員的身分，以全新的樣貌去過日子，相信日後 Emily 還會再帶給我們不一樣的體驗分享。

機票達人 布萊 N

做起來開心，那就是對的路！

第二本書終於生出來了，這胎我承認確實是懷太久了（哈哈哈）。

這 8 年一邊飛行一邊經營自媒體，過著神力女超人的生活，終於告一段落了！

回首那些與時差奮鬥的日子，就算到了外站，睏得要死還是要掐著大腿，提起精神打文章，只因為堅持一定要每天更新的粉絲團，還有我對讀者的承諾。

回頭看當時的拚命，確實很累、很崩潰，但更感謝那個沒放棄、堅持努力的自己，才讓我可以做喜歡的事，成為想成為的人。

很多人以為我出社會的第一份工作就是空服員，但其實我的第一份工作是在機場免稅店擔任客服人員。

五專應屆畢業那年，我順利考上長榮航空，但歷經一番掙扎後，還是決定先讀完二技後再繼續往航空業夢想前進。

「人生沒有平衡，只有取捨。」

這句話真是受用無窮，當面臨要抉擇時，不禁都會自我懷疑，這次放棄了，下次還會有機會嗎？尤其空服員是一個這麼難考的工作。

朋友勸我：「別人要考都考不上，你考上不去你頭腦有問題吧！」

但當時的我只有一個想法，再過兩年二技的磨練和學習，我一定會變得更好。

我的夢想並不會因此而停滯不前，相反的，我要把夢做得更大，未來要加入五星級外商航空公司。

為了要考上外商航空，我幫自己制定一連串讀書計畫。從了解航空公司背景、考古題練習、英文口語會話加強、廣播詞練習、服裝儀容準備等等。

終於在 2008 年阿聯酋航空公司來臺招考那年，順利在 2000 名考生中脫穎而出！

外商航空的考試流程繁複而且辛苦，在 final in 最後一關只剩 15 個考生，但最後收到錄取通知的只有 9 個人。

還記得那天在家，手機突然響起，看到國碼開頭是 +971 整個嚇傻！

天啊～是從杜拜打來的！

是傳說中的 Golden call 啊～因為太興奮，手有點發抖的拿起手機，盡量用很冷靜的聲音說：「Hello.」

我一輩子永遠都記得，電話的那頭，用很輕鬆愉悅的聲音對我說：「Congratulations （恭喜）Emily! 歡迎你加入阿聯酋航空！」

二話不說，我立刻從樓上飛奔到樓下把這個好消息告訴媽媽。

媽媽一聽到也是開心得跳起來。我激動的抱住媽媽，當時的我們眼眶都紅了，因為我真的做到了！

不只實現了夢想，也兌現了對自己的諾言。

每次回想起這段經歷，心情都還是會很激動，也會喚醒當時追夢的那股熱血與熱情。

幸運的我不僅實現夢想，走遍世界五大洲 100 多個城市，在那些美輪美奐的城市與巷弄內，留下屬於我的足跡。

從阿聯酋航空公司到國泰航空公司，從杜拜到香港，這

十年拉著我的大小黑行李箱，四處趴趴走的飛行生活充滿著無數精采。

Luggage（行李）這個字的後面的三個字母是 age，不單指的是年紀，更代表著歷練。

從學生時期的懵懂，到異地生活，通過受訓到正式成為空服員，每一個故事都訴說著我當時最真切的心情，刻畫在我每一趟飛行旅程中。

我不只想分享真實的飛行生活，更想表達的是人生中會遇到很多的驚喜與美好。

但同樣也有挫折、困難與不得已，但要堅持相信無論遇見的是好或壞，這些過程都將帶領我們抵達美好。

每個人的人生，在面臨職涯規畫多少都會有點苦惱，要轉職還是要繼續做原本工作，難免很掙扎。尤其是 2020 年受新冠肺炎影響到現在，很多行業都受到衝擊，在前公司大動作裁員後，雖然沒被裁員，但我離職了。

很多粉絲說我華麗轉身，但也有粉絲留言說：「我覺得你放棄空姐工作，做自媒體，加上現在上電視節目，真心覺

得不是一條對的路。」

對我來說，一路走來最深的體會是：「離開習慣領域或許很困難，但也很好玩！」

我想跟所有在看這本書的朋友說：「只要是你真心喜歡的路，做起來開心，那就是對的路！」

或許你也面臨了和我一樣的轉職與否的問題，或者對自己的未來感到迷惘，常會自我懷疑到底能不能做到，這條路到底是不是對的？

每一個選擇，都是機會成本。你每天的決定，都決定了你往哪個方向走去！

不要害怕失敗，也不要輕言放棄，成功的祕訣在於堅持自己的目標與信念！

現在你所做的一切努力付出，都是沉澱和累積，在未來適當的時間點，幫助你爆發所有能量！為將來的夢想編織翅膀，讓夢想在現實中展翅高飛。

Are you ready for take off?

你準備好要飛了嗎？

跟著我一起飛吧！

Terminal 1

阿聯酋的空姐生涯

眼界限制了我們的想像

想考機師嗎？不想努力，還是找一個嫁更快吧！

2010 年在阿聯酋航空公司開始當空服員的時候，也是在杜拜生活的第一年，一邊忙著適應中東新生活，一邊努力讀書要通過壓力爆表、像當兵一樣的受訓課程。

印象非常深刻的是，一天五次的回教禮拜聲，都會定時的傳進我住的宿舍，希望真神阿拉也可以保祐我順利通過受訓。

還記得在上完 SEP（safety & emergency procedure）安全緊急逃生步驟，在受訓的第三週我們上的是 FIRST AID 急救處理。

所謂 FIRST AID 就是學機上緊急醫療處理，包含 CPR（心肺復甦術）的考試和一些「哩哩扣扣」（臺語）的藥品和症狀，非常複雜難記。

壓力也超大的，因為要背很多藥品名稱，還有這些物品放在飛機上的確切位置，我覺得比前兩週還要煩，當然也嚴重的

睡眠不足！

　　過幾天一早就去考電腦測驗，從兩百多題的題目中抽出 25 題，題目是隨機所以每個人題目都不太一樣，完全是看考運。

　　我的題目還不算太刁鑽，我竟然考了九十五耶！哈哈真是出乎我意料！

　　我們同梯的同學真的都很厲害，大家平均素質都不錯，從 SEP 開始到 FIRST AID 都沒有人被留級。

　　因為別班的有很多人需要重考，一旦重考，門檻分數就要相對提高，所以壓力也會更大，如果重考沒過就必須留級，再回學校重上一個禮拜的課！

　　誰會想走到那種地步？所以一定要一次過關！

　　考完電腦測驗後，馬上考 CPR 演練，記得我當時緊張到快吐了！

　　處女座的求好心切，對這種一翻兩瞪眼的考試，還是很難輕鬆面對，雖然每一個步驟都清楚知道，但要考試前免不了有很大壓力！

　　最後，雖然表現沒有很好，幸好

> 自己想要的，再困難，
> 也一定努力努力再努力過關！

還是順利過關了。

撐過了最辛苦的部分，接下來兩週就會比較輕鬆了，剩服裝儀容和服務的課了，越來越接近結訓囉！（轉圈）而且終於拿到我在杜拜的居留證和 ID 卡，這樣才能申請家裡的網路啊，在沙漠沒有網路根本就是與世隔絕，無法多活一天！

考完試後，一位瑞典的女生 Sabina 邀請全部同學去她家玩。

她雖然才 24 歲，不過已經結婚兩年了，老公是阿聯酋的機長。

他們家由裡到外實在太正點了，在二十四樓，由上往下看的景色美炸了，空間又很大，所有人一進她家一直驚呼連連。

最厲害的是，房子還是自己買的耶！

這時候我們只好酸葡萄的說：「沒辦法，老公是機長啊！」所以才能在杜拜的忠孝東路上，住得起貴森森的房子。

後來我們幾個同學很認真的討論要不要考機師，但看到要考那麼多科目和背不完的書，得到一個結論，嫁一個機師會比較快也更省事吧！哈哈！

我很了解自己，根本沒有那根筋啊！忍不住想說：「我不想努力了！」

這輩子最害怕的時刻！
一隻溫暖的手將我拉上來

　　這大概是我這輩子最恐慌的經歷了！我當下真的以為自己就快死了，腳踩不到地，身體一直往下沉⋯⋯

　　空服員緊急逃生訓練中其中一環，就是水上逃生訓練（ditching）。當飛機需要緊急迫降，但又無法順利在機場降落，就有可能會需要降落在海裡。如果大家看過《薩利機長：哈德遜奇蹟》（Sully）這部電影，就會知道一旦發生水面上迫降，情況會有多混亂、多可怕！

　　飛機在水上迫降 Ditching 成功的例子史無前例，但在2009 年 1 月 15 日的全美航空 1549 班機，起飛後因為遭鳥群襲擊，導致雙引擎失效，薩利機長成功將飛機迫降在哈德遜河，奇蹟似的機上乘客包括機組員 155 個人全部生還，所以才會稱為哈德遜奇蹟，這可是真實故事喔。

　　水上迫降如何協助乘客逃生，這也是我們受訓的一部分，

要幫助乘客逃生前，最重要的是自己要先知道怎麼逃生啊！

那天被提前要求要穿輕便運動服，在還沒開始前，教官問大家：「誰不會游泳？」

當下，只有我和幾個同學默默的舉手。

教官說：「不會游泳的同學不用擔心，大家都會穿救生衣。」

大家穿上救生衣後依序慢慢下水，訓練中心因為都在室內，也照不到陽光，水超冰的……（抖）。

正要專心聽教官講解接下來要怎麼做，結果，無預警的，我開始往下沉。

先是吃了一口好大的水，然後我超級恐慌，開始像溺水的人一樣掙扎。

天啊！這大概是我這輩子最害怕的時刻……

我發現我的腳根本踩不到地，手開始亂揮，要抓旁邊的同學幫忙，大叫了一聲同學的名字。

突然，一隻很溫暖有力的手讓我抓住，是來自阿根廷的同學，說：「I got you！」（我捉住你了！）

我雙手抱著我同學的脖子說：「謝謝你救我啊，根本英雄！」

誰會知道我的救生衣竟然充氣不完全，可能破洞瑕疵品之類的。

在驚魂未定時，轉頭看向同學發現，大家都很好的在戲水，跟我比起來，真是天堂與地獄啊！

水上逃生訓練的考試，要從水中爬上救生艇才算過關，靠近救生艇時我才驚覺，高度居然這麼高？

教官已經先在救生艇上，幫忙把要爬上救生艇上的同學拉上來。

換我的時候，又是一個卡關！

我一隻手抓著救生艇旁邊的拉繩，兩隻腳踩在救生艇下層，然後使出全身吃奶的力氣，但怎麼就是沒辦法爬上去啊！

教官用一隻手拉我，已經用力到滿臉猙獰，但還是拉不上去啊。

後來是水中的同學推我的屁股一把，我這才順利爬上救生艇！（呼）

> **空服員的工作，真是天殺的太令人敬佩了！**

爬上去的那一刻，我真的是快要虛脫，全身無力。

模擬水上逃生已經這麼辛苦，更別說萬一真實發生時的災難情景。

我生涯首飛的航班，從浪漫花都巴黎變成非洲！？

在杜拜受訓兩個月後開始上線飛行了！這是最期待的時刻，對空服員充滿憧憬和多彩多姿的生活就要展開！

不就是傳說中的今天在巴黎香榭大道喝咖啡，明天在米蘭大教堂前吃冰淇淋，廣場還有鴿子飛起來一起拍照嗎？（後來才知道不只鴿子會來，強迫銷售賣你幸運繩的黑人也會來）。

空服員人生正式起飛，光用想的就很興奮！

在還沒拿到班表的時候，就有同學去查自己的第一個班是飛哪裡。

同學興奮的跑過來告訴我：「Emily……也太幸運了吧！第一班是飛巴黎耶！」

我聽到整個心花怒放，想說：「空服員人生的第一趟航班就是浪漫花都巴黎！這個開始是否太美好。」

拿到完整班表後也看到了果真如同學所說，是飛巴黎沒錯！

　　但除了巴黎班，怎麼有一大堆印度和中東班啊！（驚）

　　孟買、新德里、海德拉巴、伊朗、科威特……哇哩咧！這是什麼？怎麼跟我想的航班都不一樣？而且有些城市位在哪，我都還搞不清楚！

　　這就是殘酷的現實，還沒有體驗到身為空服員的美好前，先了解一件事，這些辛苦爆肝的來回航班才是空服員日常！應該說是中東航空公司的空服員日常。

　　結果飛行前一天，公司打電話來，通知我因為班機變動，我的巴黎班被改成肯亞的奈洛比！

　　當下震驚傻眼，沒能回神，只能機械式的回答：「謝謝，我知道了！」

　　掛掉電話後，心裡有好多ＯＯＸＸ……這落差實在太大了（崩潰），我沒有討厭非洲啊，但是也沒有想要第一個航班就去！

　　硬生生被換掉夢幻巴黎班，而且是整個月唯一直得期待的航班，覺得世界要崩塌的小媳婦心情。

　　在飛往奈洛比的飛機上，印象很深的是當班的座艙長很帥（這是另一種補償嗎？哈哈……）

　　飛機後推之後，他做了廣播：「空服員 arm door......」

　　我完全沒聽到，他人剛好在我負責的門附近，他走過來跟說：「Emily，arm your door ！」（Emily，關好艙門。）

我立刻嚇得衝過去～～

他揚起迷人笑容安撫我，「It's ok. Relax, sweet heart.」（小甜心不急，慢慢來！）

瞬間被他深邃的眼神安撫了（是醉了才對）。

做完服務後，組員們聚在廚房聊天，我跟大家分享我的巴黎班被拉掉，變成非洲的事。我苦笑著說：「反正非洲也很不錯啊！也沒去過，也算是不錯的體驗啊！」

座艙長笑著搖頭，「No way（不要），巴黎和非洲差很遠！」（還走過來拍拍我）

是心理期待落差很大的問題，不期不待沒有傷害這句話，我總算有深刻體驗，哈哈哈。

在奈洛比只有停留 24 小時，到飯店後，就先和組員們一起去喝東西聊天。

隔天因為時間也不多，就在飯店附近走走晃晃，吃吃道地的非洲美食，還看到了一場有趣的表演，親眼看到非洲人天生的律動感；在街上的阿伯臨時被 cue（被點到）上場，就能即興跟著音樂舞

> "
> 隨時迎接意外，
> 就是空服員的日常啊！
> "

40

動起來，自然的就像是樂團裡的其中一位表演者，讓我也忍不住駐足好久。

　　買了張明信片寄給自己，把當時的心情記錄下來，很值得紀念也難忘的第一次飛行。

　　沒想到這一次巴黎班被拉掉後，竟然被直接拐到氣，接下來一整年的班表，都再也沒有出現過巴黎班了耶！（超傻眼）

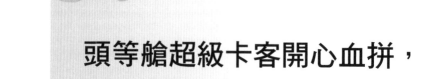

頭等艙超級卡客開心血拼，發狠狂買人人有份！

在中東會發生一些常人無法理解的事情，但後來才知道，原來是貧窮限制了我們的想像（誤）。

有一次就碰到我們的頭等艙超級卡客，大發威啊！

在阿聯酋航空一樣也有飛行常客計畫，有一種客人就是比白金卡還更尊貴的，稱之為「Chairman Invitation Only」（總裁尊爵邀請卡），整個阿聯酋航空賓客名單裡面，也大概只有200多個人有這樣的頭銜。

他們的社會地位通常都滿高，而且航空公司也將他們視為公司的重要資產啊，說不定公司總部的大樓，都是由他們貢獻了不少根柱子～哈哈！

這類型的客人，老實說，就是比空服員飛的時數還要多，報復性狂搭飛機的人！（除了呼吸以外就是在搭飛機的概念。）所以飛機上有什麼東西，或是提供什麼樣的服務，說不定他們

都比新進的空服員還要更清楚。然後還都是搭頭等艙，應該是要蹲下來仰望的那種貴（跪）客！

可想而知他們應該是一出生就含著金湯匙、養尊處優，生長在非富即貴的家庭。

我們稱這些貴客為 Mohammed（穆罕默德）；在中東最常見的菜市場名字，10 個裡面大概有 9 個半都叫這名字啊！所以每次要打招呼，都分不清楚誰是哪一位～哈哈！

> 這樣的偶然發生驚喜，
> 也是辛苦工作的小確幸。

某次上飛機之後，這位 Mohammed 大人在享受完他的頭等大餐之後，龍心大悅，非常開心，想要大買免稅品送給朋友。

從他的眼睛散發出來的光芒，彷彿要把整臺免稅車一口氣都掃個清空的狠勁啊！（我們能清空的只有飛機餐盤。）從化妝品買到保養品，從皮夾買到包包，用他尊貴的手一路指下去，統統打包。

這位大人買著買著就心花全開，突然開口說：「這樣好了，在場的組員們看有幾位，我送你們一人一瓶香水！」

一聽到這句話，組員們馬上心花怒放，疲累感馬上一掃而空，原本渙散的雙眼，立刻就變得炯炯有神。

那趟班機上有 16 個組員，不論男生女生都拿到了一瓶香水，大家瞬間變得香香 DER。

這個時候不禁希望免稅品可以賣純金 999 的金條，這樣一人一條拿完之後，就可以辭職不幹了（大誤）。

阿拉伯人一家人搭飛機，
怎麼坐？很有學問！

「把針插在地下就有原油會噴出來」的想法，是很多人對中東有錢人的想像。

所以要去杜拜工作時，很多朋友也是叫我隨時準備好挖油（杜拜雖然沒有，下班可以衝去阿布達比嘛！）。看樣子就知道我沒挖到啊！不然還在這裡寫什麼文？哈哈哈……

在阿聯酋航空的客人其實約 60 ～ 70% 是印度人和巴基斯坦人，尤其以美國和英國航線最多。搭飛機出遊和商務出差的阿拉伯人也有，但是還是少數，歐洲和澳洲客人也很多，主要還是要看航線飛哪，阿聯酋的客人國籍相對多元，但是印度客人真的是最大宗的！

阿聯酋的朋友說，因為阿拉伯人都穿黑色和白色的衣服，有時在晚上飄來飄去。會有一種鬼的感覺，不開燈無聲無息飄過你旁邊，就會被嚇到！所以他們會戲稱阿拉伯人為「阿 G」。

很多有錢的阿拉伯人搭飛機出國旅遊，都是一家人一起。

而一家人出遊不像大陸的暴發戶一樣，習慣把整個頭等艙包下來，可能因為阿拉伯家庭稍微比較龐大……複數的不只小孩，老婆也是啊～哈哈哈！

老公和老婆會坐頭等艙，兒子和女兒們就會安排坐商務艙，另外還有兩位到三位的保母、傭人會坐經濟艙。

保母、傭人要帶幾位完全是看小孩的人數而定，如果當天老婆是兩個，小孩當然也會比較多。

不過除非是全家族大旅遊啦，老婆們多半大老婆還是出場率最高！

通常傭人保母要照顧的都是年紀比較小的，像是 2 到 3 歲的小孩。

更妙的是如果有很小的 baby 嬰兒，是不會跟著媽媽在頭等艙坐的喔！反而是保母帶著坐經濟艙喔！（媽媽在頭等艙當女王）

可是 baby 有可能會哭鬧，這時候保母就會帶著 baby 殺去頭等艙找媽媽，就會把情況搞得很混亂，也會造成其他頭等艙客人的困擾，因為沒辦法好好休息，組員也很崩潰！

一般來說，遇到這種情況，組員們通常會很有禮貌的去規勸，有些客人比較明理，會控制這種情況，不過阿聯酋有錢的

人大多是商人或政客，有些會覺得自己很厲害，對這種打擾其他客人的行為不以為意，會跟組員比個討人厭的手勢（5 隻手指抓在一起），然後說：「shui shui（音：水水）！」意思是叫你等一下，要慢慢來的意思。

What ？

看到這個手勢一秒激怒組員，「歸巴豆火耶」（台語：一肚子火），心裡的 OS 是恁老師咧……yalla yalla（阿拉伯文：快點）。

在商務和頭等的客人，花大把銀子買這麼貴的機票就是要好好休息，光是我們組員工作走動時，都會盡量不要太過頻繁走動了。往下走就算了，還是往上走，走到商務艙和頭等艙，在每個艙等跳來跳去以為在跳恰恰嗎？

有時候坐在商務艙的小孩，也不太能自己好好吃飯，還是要傭人從經濟艙走去幫忙。結果就是，阿拉伯老闆幫傭人、保母買經濟艙的票，結果很長時間，傭人、保母一直坐在商務艙。

他們雖然有錢，但這就是種貪小便宜心態，公司規定 cross cabin（跨艙等）就是不行啊！要尊重其他客人啊！

真心覺得很不能理解，如果這些貴客真的很有錢，為什麼

> **再不爽，
> 以服務為前提，
> 為了保護自己，
> 還真不能發脾氣呢！**

不幫傭人買商務艙座位？讓她們可以就近照顧小孩，這樣不是更方便嗎？組員們也不會為了這種事，去打擾他們啊！

每當碰到這種情形，組員們就要寫報告，主要是可以作為紀錄，讓公司知道這準客在旅行時的狀況，就可以讓其他執勤的組員提前知道有個心理準備，一旦發生類似的情況就知道該如何應對（這樣之後就會知道某某阿 G 客人，都用這招在省錢，哈哈哈！）。

在客艙裡有關客人發生的大小事，我們都要寫報告，因為記錄事實可以保護組員自己，萬一事後客人跟公司抱怨或來一記回馬槍，還是有憑有據的！

杜拜的齋戒月：
白天不懂夜的黑

　　很多人應該都聽過穆斯林（伊斯蘭教徒）的齋戒月
Ramadan。

　　伊斯蘭教曆每年的第九個月就是齋戒月。每年的時間都不
一樣喔！

　　在阿聯酋工作的我，碰上齋戒月，會不會遇到哪些預料不
到的狀況？大家應該很好奇吧！

　　我原本對齋戒月是完全沒有概念的，直到去杜拜工作後，
才完全體驗到齋戒月這個穆斯林重大傳統活動影響有多大。

　　對非穆斯林來說，當然還是照正常作息，日子照過，工作
照做，但是還是有一些注意事項需要遵守的。

　　在齋戒月時，他們從日出開始就不可以吃東西、喝水、抽
菸、不可口出穢言，更不可以有性行為，日間禁食，夜間禮拜，
而且一定要到日落才可以進食！藉由齋戒月來消除過去一年所

犯的罪行，可以淨化心靈，也要祈求阿拉真主饒恕自己的過錯。

記得當年在杜拜，看到很多店都會關門，連購物中心的美食街也不會開！跟朋友出門就是約日落後。這樣也好，因為白天出門也熱哈哈（是沙漠啊～～）。即使白天在外面活動，也要避免在公共場合喝水、吃東西。如果在購物中心美食街吃飯，也會有簾子遮起來，尊重大多數在齋戒的人，以不要讓他們看到為主。

但越來越國際化之後，現在的杜拜齋戒月期間，開的店就比較多了。

有些組員會選擇在齋戒月的時候放年假，因為留在杜拜太無聊、太悶。

但在齋戒月時，穆斯林客人搭飛機就會比較辛苦，而且飛行時數越長越辛苦。

通常我們在派發 menu（菜單）時，如果發現客人說不需要，我們就會問說：「是否在 fasting（齋戒）？」

通常客人就只會點點頭回覆而已，因為多說話會消耗體力，所以這時候的客人的們大多眼神死，然後點點頭。

接著我們就會在客人座椅上的頭枕貼一個貼紙。讓組員知道客人正在 fasting，請勿打擾！

當年我覺得在齋戒月上班爽爽的，因為派餐超快（哈

哈！），推車一出去就是法拉利的速度，咻幾下就又回來了；因為能吃正常餐點的客人很少啊！

日落後，我們就會做廣播告知客人，可以開始用餐囉！飛機上會準備 Iftar box（開齋餐盒），也會發阿拉伯人補身體的聖品椰棗（dates）和水。

但是！

如果是搭飛往美國的飛機就很辛苦，因為是往時區的反方向飛啊！

這時候就想唱：「想回到過去～回到那可愛的出發地～這樣我才能吃東西～」

……因為飛往美國一整趟飛行都會是白天 XD，這樣不能吃東西的時間就要更久了。

客人心中一定很想大喊：「天公伯啊！什麼時候才會日落！」

而且重點是齋戒時間是要跟著「目的地當地時間」喔，不是跟著出發地杜拜時間！

不吃東西可以忍，但要 10 多個小時連水都不能喝實在是太逼人，而且加上飛機上空調空氣很乾，有可能會造成身體不適，血糖低＋脫水，組員就可能要處理好幾個醫療事件，而且更辛苦的是在齋戒月需要工作的組員（穆斯林）！短班就算了，

但長班根本無法不喝水啊，何況他們還要工作！

我的好朋友馬龍，就是在阿聯酋當座艙長的那位，有上過我的 podcast 節目訪談。

他當班時曾碰過一起飛紐約的組員，想展現最高信念，整趟航班都 fast，連水都不喝的決心。馬龍立刻開玩笑半威脅跟他說：「你給我暈倒變 medical case（醫療事件）的話，試試看！」（座艙長發威）因為之前就有發生過暈倒事件，整個太可怕。

在齋戒月，公司會出公告提醒組員，千萬要以自己的身體狀況為主，還是可以跟真神阿拉請假一天！要禱告說：「工作關係不得已要破戒，但是之後會努力補回來的……」的話（意思大概啦畢竟姊沒有涉獵阿拉伯文，哈哈！）

之後就再補一到兩天回來就好，覺得還是滿有彈性的！

所以基本上在齋戒月期間，如果不是必要的話，他們也會避免飛行。

但是很不能饒恕的是，有些特定國籍的同事，因為在齋戒月上班，都會藉機偷懶。每出一臺餐車就會說要休息一下，血糖低什麼的，而且一休息就很久。

上班一樣是要分工合作，不代表你在 fasting 就要做比較少，那幹嘛要來上班啊，對其他組員也不公平啊！（很愛裝死）

在齋戒月期間，杜拜的白天和夜晚有很大的對比。

白天很祥和寧靜，晚上就是穆斯林瘋狂大吃大喝的時間，娛樂場所也是嗨到不行，跟家人朋友一起報復性吃和玩。

> "
> 齋戒月，
> 即使不是穆斯林的空服員，
> 也很辛苦啊！
> "

大概就是充滿慶祝節慶氛圍的感覺，把一餐當成三餐吃；會吃掉一整隻羊！I am not joking 不騙你！然後一直到吃到隔天日出，就回家睡。

有時候也覺得奇怪，不是要藉由齋戒月來體驗貧苦人家的生活、體會飢餓、洗滌罪惡……嗎？因為知道齋戒的辛苦，而更能反思並珍惜自己所擁有的，心靈也會淨化成長。但這樣經過痛苦忍耐之後，再來個大放縱過度大吃大喝，是否也有點本末倒置了呢？

跟誰飛也像一盒巧克力，你永遠不知道一起上班的是哪國人

在阿聯酋飛行的時候，每趟航班一起工作的同事，都是來自世界上 200 多個不同國家。

在一趟飛往歐洲的航班上，碰到一位來自墨西哥的男空服員 Ezio。

做完服務以後，組員們都會聚集在廚房裡亂聊打發時間。當時是他才剛飛沒多久，他走到我的旁邊問我：「Emily 妳還記得我嗎？我們見過了。」

我心裡 OS：不會吧！我完全沒有印象啊，在哪裡見的？我也太失禮了吧，竟然忘記！

他露出了亮白色的牙齒，靦腆的微笑說：「當時我剛面試

上，要過來杜拜受訓時，從巴西聖保羅飛杜拜的班機上，妳就是那個航班上的空服員！」

當時的他其實心裡很忐忑不安，因為畢竟是人生第一次繞過大半個地球，面對即將展開的新工作和生活。雖然有很多的憧憬，但對未知的新生活也有一些擔憂。從巴西聖保羅飛往杜拜飛時長達 16 小時，其實也沒什麼事做。Ezio 只好一直觀察空服員們都在做些什麼。

而我剛好就是服務他座位那一區的組員！

他說他印象非常深刻的是，我都一直保持笑容非常親切的服務客人，而且看著客人的眼神很溫暖很有魅力！然後也是唯一一位，在長達 16 個小時的航程中，一直都能夠保持笑容的空服員！

他說我的笑容給了他很多力量和安心。他期許自己上線飛了以後，可以跟我一樣，也帶給他的旅客一趟很棒的旅程。沒想到，現在竟然能夠一起工作、一起飛了。

聽完他的話，我當場傻眼，全身起雞皮疙瘩！

原來竟然有這麼巧的事！

沒想過自己只是做好份內工作，會在無形中影響了一位同事。

只能說他很幸運，因為當時我才剛開始飛，還很有熱情，哈哈哈！（喂）

下班之後，我們和其他組員一起在外站出去吃飯玩耍，HAPPY 的過了兩天。

回到杜拜後，這位看似靦腆又可愛的男生，竟然攔住我，跟我告白。

> 笑容也是專業的一部分，
> 拿出職人精神
> 做好空服員的每一天。

「我覺得妳是很好的女生，對妳有一見鍾情的感覺，妳願意跟我交往嗎？」

也太突然了吧！這是在演哪齣？（轉頭看一下有沒有攝影機）

我笑笑的告訴他：「謝謝你喔！雖然我對你沒有那種感覺，但我們可以成為好朋友啊！」

他很活潑的回說：「如果妳改變主意，要告訴我喔！」

外國人是很能接受拒絕的啦，因為也常常在告白吧（誤）。

本來也沒覺得怎樣，過沒幾天他居然傳訊息問我，要不要考慮嫁給他？哈哈（又換另一招）！

撇除這一連串命中注定相遇的錯覺，這件事帶給我的感動很深，一直在提醒著我，只要在飛機上，就要拿出自己的專業。

頭等客人瘋狂大手筆，
全體空服員都嚇呆了！

從杜拜飛往埃及的班機中，那天頭等艙只有兩位客人。

一對很恩愛的情侶們很開心的小酌，還用手機喇叭播放，自帶配樂，哈哈！

其實穆斯林在公共場所，是不能出現親密的行為舉止，也可能影響到別人。他們旁若無人的猛放閃，很甜蜜（也是因為真的沒客人啦！哈哈），座艙長也就沒有特別去干涉，不然正常情況，就會去跟客人善意提醒。

飛了一段時間，男客人突然跑去跟座艙長說：「今天是我女朋友的生日，我想要給她一點驚喜，可以請你們一起幫忙嗎？」

飛機上空服員的服務範圍其實很廣，有的時候還要擠出創意，畫生日卡片之類，給客人驚喜也是家常便飯（甩髮），所以有一些組員，都會準備幾種顏色的彩色筆，以防突然需要作畫（笑）。

頭等艙的組員們，準備了一頂阿聯酋空服員的小紅帽要給壽星戴。接著準備了一盤甜點，上面有蛋糕，也做點小布置，用一些巧克力和糖果點綴，排成大大的「Happy Birthday」。

當端蛋糕過去給時，座艙長還施了點小魔法——

請這位女客人她抬頭看前方的螢幕。

座艙長發送「seat message」（座位訊息）給她。

客人坐在1A的座位，座艙長就傳了這一串訊息：「Happy Birthday dear xxx, I hope your special day will bring you lots of happiness, love and fun. Thank you for flying Emirates.」（親愛的XXX，我希望在這個屬於你的特別日子裡帶給你快樂、愛和樂趣，並謝謝你搭乘阿聯酋。）

最後不免還是要打一下廣告，哈哈！（這樣客人永生難忘啦！這招我們很會。）

這則訊息只會出現 5 ～ 6 秒，就會消失。

> **客人充滿感動的笑容，是我們努力付出的最大回饋。**

被幸福淹沒的女客人突然說：「啊～可以再放一次嗎？我要拍照！」

接著我們也幫戴著小紅帽的女客人

和她男朋友，拍了張合照。

也順勢滿足了男客人一直以來對空服員的制服幻想～～（喂！）

快降落前，男客人跑來跟座艙長說：「謝謝你們的用心準備，我們從來沒在飛機上慶祝生日，真的是很棒的驚喜，我和我女朋友都會永生難忘啊！」

呵呵～（得意）。

接下來就說要給所有頭等艙組員一人一百元美金當小費！

蝦咪？！

不是迪拉姆耶！（當時迪拉姆對臺幣大約是 1 比 8 點多）

是美金！真的滿多的耶～好大手筆（驚）！

座艙長立刻就搖搖手跟客人說：「幫客人慶祝生日我們很常做啊，真的不用特別給小費啦！真的沒什麼啊。」

一直想要推掉這筆小費，但客人很堅持要給。

座艙長轉頭看其他兩位頭等艙組員，一直在對著她使眼色。

齁！原來他們都已經拿了，哈哈哈！平常做事慢吞吞，拿小費倒很快嘛！哼（座艙長的 murmur 內心嘟囔）。

如果有機會，
就該好好的道別

剛到杜拜的那段時間，因為宿舍的家用網路還沒裝好，我都要跑旁邊的咖啡廳用網路，打 skype 視訊電話和家人聯絡。

我的阿公，從小到大都很疼我，只要有機會出遠門去玩，他都會帶著我一起去。

剛畢業時我在外地工作，每次回去他都會跟我聊聊天，問我想吃什麼，有沒有吃飽，夠不夠錢花……，非常疼愛我。

我上國中之後，因為爸爸心肌梗塞突然過世，除了媽媽以外，阿公也一路陪伴、照顧我到大，我們的感情一直是很好、很深。

在我去杜拜工作的那一年，阿公的身體狀況開始變得很差，因為肝硬化，他必須常常跑醫院，紅潤的氣色也大不如前。但他還是很開心我完成我的夢想，也一直把我當成他的驕傲。

臺灣家裡的桌上型電腦在二樓，雖然阿公走路不方便，但

他還是想要跟我說話，看看我好不好。

那一天媽媽攙扶著虛弱的阿公，爬樓梯上去二樓的房間，他每走三階就得要停下來喘口氣，才能再繼續往上爬。

本來是圓圓潤潤很有元氣的阿公，因為生病而越來越瘦弱，看了覺得好心疼。雖然他的臉就在螢幕前，手好想穿過螢幕摸摸阿公的臉，那是我第一次感受到臺灣和杜拜的距離真的好遙遠。

阿公的臉看起來疲憊，但還是用很有力量的聲音問我：「到那邊都還習慣嗎？一個女孩子跑這麼遠工作很辛苦，阿公就毋甘耶……」

說完後他就開始掉眼淚了……

媽媽在旁邊幫阿公擦眼淚，我當時在螢幕的另一端，也一直掉淚。

忍不住在想：「如果我在臺灣，是不是就有多一點時間可以陪阿公，是不是就可以讓他少擔心一點。」

後來阿公再度住進醫院後，和家人討論，決定選擇在阿公還清醒時，趕回臺灣，看看他、摸摸他、陪陪他，跟他講講話。

當我來到阿公身邊，緊握著他的手拍了一張照片，我握了好久好久，想要記住阿公手心的溫度。

儘管我知道那會是最後一次了，但我還是跟他說：「阿公

你要加油喔！等我下次回來看你喔！」

在杜拜午後的某一天，我煮完中餐吃沒幾口，開始覺得想吐，很不舒服。這很像是一種心靈感應，我知道應該是阿公來跟我道別了，我放下餐盤，呆坐在床邊。

過沒多久我媽媽打電話來了，她開口只輕聲叫了一聲：「妹妹……」後面緊接的那句：「阿公很安詳的走了。」

我聽都還沒聽完，就開始崩潰大哭。

離別，是為了下一次的重逢。但真正面對離別時，不管做了多久的心理準備，都無法輕易的釋懷。如果可以，我們都該跟愛的人好好道別，把想說的話，想表達的愛，在還有機會時好好說出來。因為每一句話、每一個動作，不管時間過多久，都會永遠深刻的留在心中。

一趟緊急返航的班機，
一股責任感與不捨的心情

在一次從杜拜飛往印度孟買的航班上，半夜三點半的班機，起飛後沒多久，所有的空服員都還坐在位置上繫好安全帶，突然機艙裡傳來幾聲鼓譟。

有客人站起來，因為氣流不穩定，我和另一位空服員正出聲音要請客人坐下時，另一名客人用英文大喊說：「快來幫忙！有客人昏倒了！」

我和另一位空服員馬上離開座位上前查看，一位印度女生正臥倒在椅子上，旁邊站著一位似乎是和她同行的男生。

這位女乘客一直發出微弱又急促的呼吸聲，看起來呼吸很困難，其中一位空服員立刻去拿氧氣筒，我們讓她躺平，一邊使用氧氣筒幫助呼吸。

在忙著處理不舒服的旅客的同時，其他組員也要忙著安撫其他看熱鬧客人的騷動情緒。

幸運的是這位女乘客還有意識，我們也抓緊時間詢問同行的男生，關於女乘客的相關資料以及醫療病史。

機艙裡的空服員們分工合作，同時做了機上廣播，問詢機上是否有醫生可以幫忙診視。

在通報機長後，他們也忙著聯絡遠距醫療支援 MedLink。在飛機上如果有緊急醫療事故，除了空服員的醫療訓練可以幫忙，或是廣播詢問機上是否有醫護人員之外，還有 MedLink，24 小時有醫生待命，提供醫療諮詢。

在這個時候，女客人從本來有意識突然惡化，變成沒意識了！

天啊！半跪在旁邊協助的我和另一位空服員也嚇傻了，只好立刻通報機長。同行的男旅客也開始擔心並且驚慌起來。

從杜拜飛孟買要三個半小時，現在我們只飛了 40 分鐘，就發生這樣的事，在機上沒有任何專業醫生的狀況下，只靠遠距醫療支援醫生的建議，然後由機長作最後決定。

很快的，十分鐘後，機長告知我們要返回杜拜，因為客人有可能有立即的生命危險，再加上印度的醫療較落後，空中醫療團建議原機返回杜拜，通知救護車在地面待命，將客人馬上送到醫院治療。

當時我看著這名失去意識的女乘客，什麼也做不了的我忍不住紅了眼眶，握住她纖細的手想幫她加油打氣，希望她要撐

住，我們很快就會飛回杜拜了！

機長廣播跟大家解釋緊急醫療狀況，也告知大家我們會飛回杜拜，之後也會幫忙大家安排下一班的航班前往孟買。

空服員們迅速整理客艙後，回到座位上再度繫好安全帶。

等待降落時，我看著窗外漆黑的星空，不禁想著，這就是為什麼我們必須要受這麼多的專業訓練，能把客人安全的載到目的地才是使命啊！

飛機降落後，護理人員用擔架將女客人抬出去，以最快的速度送到醫院。

> "
> 把客人安全的載到目的地，
> 才是我們的使命啊！
> "

而我們仍是要完成接下來的工作，送其他客人下機，檢查客艙。

此時每位空服員的臉上都很沉重和疲憊。

這一個夜晚好漫長，但我們都會一起幫她集氣，祈禱她度過人生中最大的難關！

最後一個航班：突尼西亞

人生遇見轉彎時 要向左，還是向右呢？

這個問題在人生中會遇到無數次，有時候會很掙扎，但有時候也會讓你義無反顧。但再怎麼確定接下來的路，再怎麼堅定自己的選擇，真正要離別時，還是會捨不得⋯⋯

這是大家很熟悉的一首歌，孫燕姿的〈遇見〉（作詞：易家揚）：「⋯⋯陰天 傍晚 車窗外 未來有一個人在等待／向左向右 向前看 愛要拐幾個彎才來⋯⋯」

在阿聯酋的最後一個航班，飛突尼西亞，班表上出現的TUN，是突尼西亞的機場代號。

當時的我其實連它的地理位置都不太清楚，原來是在北非，橫跨地中海海岸和撒哈拉沙漠的美麗國度。

最後一次戴著小紅帽執勤的日子終於來了，想好好的把航班完成，畫下一個美好的句點。

不愛麻煩別人的我，沒有主動把即將離職的事跟當班的同

事說，大家也都不知道這是我離職前的最後一個航班。

說來也很巧，通常航班裡都是西方臉孔居多同事群，但竟然在這個航班上碰到新加坡、馬來西亞、印尼和日本同事們一起飛。

好像是一種預告，因為接下來的日子都是和東方臉孔一起工作了（笑）。

我們一起去了突尼斯以北，具有地中海氣息的美麗小鎮「西迪布薩德」（Sidi Bou Said），一整排刷著白牆的房子，湛藍色的圖騰大門和鐵窗，是這個浪漫藍白小鎮的特色。

優閒愜意的午後，我們一起坐在海岸懸崖的戶外餐廳，從下午坐到晚上，邊聊天邊吃飯。一眼望出去，就是突尼斯灣的無敵海景，這麼幸福的時刻，我只想把這幅美景深深記在心裡。

在餐廳裡有一架黑色鋼琴，馬來西亞的同事突然說，她要彈一首好聽的歌送給大家。

前奏一出現，我就知道了，是孫燕姿的〈遇見〉。

她一邊彈一邊說：「Emily 你一定會唱吧！唱給大家聽啊！」

是啊，這首歌很多臺灣人都很熟。但沒想到居然會是在這個時候唱，雖然再貼切不過了。

同事熟練著彈著旋律，一邊催促著我趕快唱。

平常很愛唱歌的我，居然很難開口唱……

一開口跟著旋律唱副歌時，只唱了 4 句我眼眶就紅了。

腦中浮現的是，在杜拜這一整年飛行人生的各種體驗。

很感謝自己勇敢且充滿熱情的踏上追夢之旅。用力投入工作，用心享受生活。

我想哭，是因為我很幸運。夢的入口雖然有點窄，但是我還是走進來了，不是意外而是最美麗的遇見。

> 我沒有回頭，也沒有後悔，因為我相信接下來的新旅程會更精采。

最後踏出 EGHQ（阿聯酋航空公司總部）時，我深吸了一口氣，這股自動門上的抽風機，和門外的沙漠熱空氣混合的氣味。我大概一輩子都忘不了。

Terminal 2

轉飛國泰航空

更多的空姐體驗

大家口中的恐怖
「七公主」航班

　　澳洲航線我們一天有很多班，不管是雪梨、墨爾本、伯斯、阿德萊德，布里斯本都有飛。

　　最好的航班配置是四天班，不計出發和回程，大概會有近兩天的休息時間。

　　但因為航班增加，現在配置都是三天班，也就是短短的過一夜，隔天又要飛回去。因為澳洲航線大約 8 小時，來回就有16 小時，對不喜歡飛超長班的組員來說是福音，再加上飛時也多，又可以很快回香港，其實有滿多人喜歡飛的。

　　後來公司推出 Sydney Scheme、Melbourne Scheme（專飛雪梨、墨爾本航點的方案），一推出立刻就有一票組員專門飛這兩個航點。他們每個月就是平均 3 ～ 4 個雪梨或者墨爾本，對於不想在外站太久的人簡直完美，很多想要快點回家照顧小孩的媽媽們，也都會參加這兩個方案。

平時我自己是不太選擇這兩個方案的，我大多會選擇長班，但那一次我需要早一點休假，所以就把我的長班換掉了，換成很少在做的墨爾本。

而公司裡都會流傳 Top 10 list，這當然不是天使名單啊，是必須千萬小心加最好不要一起飛的名單！

Top 10 list 從座艙經理到一般空服員都有耶！

而我不是一個愛查組員名單的人，通常都是要飛前一天或當天才把名字寫下來。

簡報完後我才從同事得知，我中大獎了！原來一起飛的名單中，管轄經濟艙的花花姊很有名，有名到排入 Top 10 list，而且還是「seven princess」（七公主）這種聽起來名字夢幻的特殊名單，我這個神經大條的人根本連聽都沒聽過！

那好吧，也沒辦法，命中注定我們要相遇，我要在她底下工作！

所以一知道後，我皮繃得很緊，也提醒自己要仔細觀察一下，因為每個有名的組員，出名的原因並不一樣，有可能是工作方式，或是人格特質，所以先看看「眉角」在哪，才知道該如何因應。

結果在地面準備時，就發生了小插曲，讓我秒領教花花姊的魄力。

經濟艙共有 4 個空服員 +1 個姊姊，當天的航班有一位比較資淺的妹妹，把該航班要用的麵包籃讓空廚阿哥拿下飛機了。

當下花花姊知道立刻爆炸：「為什麼沒有檢查清楚就讓空廚阿哥拿走？」

妹妹知道自己闖禍了，也很緊張的一直道歉，「我以為是上個班機留下來的，真的很抱歉！」

聽完解釋，花花姊更氣，「為什麼不清楚不知道，不問就自己決定？不熟是一回事，但你有這麼多同事，為什麼連問都不問？這個錯誤根本是可以避免的！」

這位資淺妹妹眼眶已經紅了，除了道歉也幾乎無話可說。

時間上已經來不及再補了，所以就只能找其他東西代替麵包籃。

但之後花花姊沒再說什麼了，不過大家的皮繃得更緊了！

飛墨爾本要做兩餐服務，第一餐是正餐，會從飲料車和花生開始做，接著才會派熱餐。

正餐的服務從開始到做完，若是滿機的話，大約需要花兩個半小時，當然這還是在派餐順利、且每位組員都動作很利落的前提下。

花花姊本身就是專飛墨爾本的人，她對於服務流程相當熟悉而且順暢。

她雖然主要工作是廚房和熱餐，但她動作之快，真教我目瞪口呆，除了她份內的工作做得又快又好，還有

> 不需要人人喜歡你，
> 不用費心取悅所有人，
> 快樂的作自己，
> 仍舊會有人懂你的好。

餘力幫我們組員弄餐車、飲料，根本是一人頂三人用啊！

但當天很不巧的，我們做完服務加收完所有東西已經快三小時！

這時候突然聽到花花姊低吼了一聲：「一直都是兩個半小時以內就可以搞定，今天好慢！」

她沒有對著任何人吼，像是在責怪自己，但在廚房的所有人都嚇到了。

在廚房內的組員包括我都嚇了一跳，心裡不禁想說：我們真的很慢嗎？啊有這麼嚴重嗎？（心裡一堆 OS）看在小空服員裡，壓力很大，但誰也沒有說話。

我當下就大概明白她為什麼會有名了，她不笑的樣子就很有殺氣，再加上她嗓門大，很容易讓人害怕！

但吃完飯後跟她聊天，卻發現她其實一點也不可怕，也可以開玩笑，也會分享一些有趣的事，也不吝惜跟我們分享工作上的撇步。

後來我才瞭解，其實她嚴苛不是針對任何人，是她對自己工作上的要求。

每個人都有自己做事風格，尤其是必須帶著管理責任的職位，想把服務快點做完。除了能讓組員在兩餐服務間有一些時間休息，也可以避免坐在後面的客人等候太久，這件事本身沒有錯，或許是情緒表達和控制需要注意，但出發點都是好的。

老實說，在我的角度看來，這種工作夥伴反而人覺得工作起來很有安全感。因為熟知流程，動作迅速，讓大家都很省力，減少錯誤發生的機會。

誰沒有缺點呢？

醉了，在杜拜偶然遇見心中的天王偶像

　　從杜拜飛回香港的班機是凌晨起飛，那天我在商務艙服務。

　　商務艙客人登機後，等客人放好行李坐定位時，我們就會端著迎賓飲料向前打招呼。眼看登機到尾聲，我和同事一起在做最後整理，瞬間有兩位客人，從我們旁邊快速閃過。

　　下一秒，我居然聽見臺灣同事在我耳邊說：「Emily，是王力宏耶！」

　　什麼！

　　居然是我以前心中的男神嗎？終於載到你了啊！

　　機艙廣播好像響起了迷之音──在愛的幸福國度～你就是我唯一，我唯一愛的就是……

　　拉回現實才發現，是我心內的一首歌。

　　我和同事相視而笑，一邊在壓抑內心興奮的情緒和一直往

上飛揚的嘴角。

香港阿姊過來說：「Emily 你去跟他確認一下，他有訂特別餐喔！」

那有什麼問題，這是和天王近距離接觸的好機會啊（開心）。

只是我在想，到底要講英文還是中文（我私心想要聽他講英文）。沒想到居然可以這麼近的看到力宏（很熟？）。

走向他的時候，我擺出最專業、燦爛親切笑容（很怕突然摔一跤）。

果然不出我所料，他一開口就是英文。啊呵呵！

他大概也沒想到，居然會剛好有臺灣的空服員，所以我也是和他講英文。

力宏招牌陽光笑容立刻出現～～覺得幸福啊！

確認餐點通常就是兩句話搞定，沒想到力宏用英文突然冷不防問我一句：「餐點裡面有什麼啊？」

我先是楞住一秒，因為特別餐我們是沒有菜單的，要回去廚房打開看才知道。

我燦笑，「我去確認一下，等等跟你說。」因為是力宏問的，所以必須手刀去看，呵呵。

當地時間凌晨起飛的班機，多數客人都會很快就昏睡，因為是睡覺時間，連我們自己都會很睏，所以我們盡量都會找事做，讓自己保持清醒！

我和另一位臺灣同事在廚房小小聲的聊天，突然看到力宏起身去上廁所！

我們立刻決定等他出來要攔住他，此時不合照更待何時啊！（機會來了！）

他走出廁所後看到我們都在看他，還問了一句：「Am I too loud？」（是我太吵了嗎？）

很怕自己吵到別人啊～哈哈哈。

聽到我們想合照，他秒答應轉身回座椅，後來拿出棒球帽戴上，我們就這樣輪流感受力宏的溫暖臂彎呵呵。

後來在巡視客艙時發現他一直都沒有睡，筆電也是開著，感覺好像很忙⋯⋯

我剛好要準備走下去經濟艙拿東西時，力宏突然用力跟我揮一下手（很淘氣），看到他正在翻免稅品雜誌，他說：「我想買面膜，想問一下除了 XXX 面膜，有其他片狀面膜嗎？」

什麼？力宏需要幫忙嗎？讓專業的我來就好！（不用推開其他人，因為當時只有我在，哈哈！）

露出燦笑，蹲在眾人皆睡，只有力宏獨醒的座椅旁，看著

力宏一直在興致勃勃的免稅品雜誌，忍不住問他：「現在是想大血拼嗎？」

他笑著點點頭說：「對，想買一些東西。」

在半夜的時候血拚，果然不愧是力宏（這也能講？）。

就在其他客人熟睡的時候，靠近天王幾乎是氣音的聲量，正式開啟和力宏閒聊家常的夢幻時刻。

（啊……不是已經講很多話了？）其實免稅品的東西不是重點啦！

原來，這趟的杜拜之旅其實是他們公司的員工旅遊。

力宏揚起陽光大男孩笑容說：「滿喜歡杜拜的耶！有很多特別的東西看，很好玩！」

接著我們就聊到第一次杜拜必須做的事。

像去 Safari 沙漠衝沙，去世界最大、最浮誇的杜拜購物中心（Dubai mall）看水族館和水舞，去世界最高建築哈里發塔（Burj Khalifa）喝金箔咖啡＋看夜景……

力宏在講的時候整個眼睛發亮耶！感覺他真的玩得很開心，還說有機會要再來。

對我這個杜拜老司機來說是滿驚訝的，畢竟他覺得好玩的點我不太懂，哈哈哈！我以前是工作生活住在當地，跟觀光的感受當然不同啦！

　　乘機跟力宏分享了之前我在阿聯酋工作，居住在杜拜當地的經驗談（甩髮）。

　　作夢也沒想到，居然可以跟男神分享自己的生活和工作。（上輩子我可能有拯救地球，呵呵！）

　　力宏也接著說他飛杜拜時就是坐阿聯酋航空，是搭A380到杜拜的。

> 成功從來都不是偶然或僥倖，真的！

　　我們也順勢討論了一下A380的機上設備，可以洗澡、有酒吧（轉頭看一下我們的商務艙…………呃，好吧！）

　　看到他筆電都開著，一直在工作都沒休息，整個商務艙只有他一個人精神奕奕。

　　好奇心一整個忍不住，我只能用親切又不失禮貌的笑容，問他在忙什麼？

　　原來在做演唱會宣傳文宣！

　　麥尬，當下我大驚：「這個你要自己做嗎？」

　　力宏說：「其實本來是工作人員做，只是我也會跟他們溝通想要怎麼做，可自己做就更快，減少溝通修改時間。」接著

又說：「我 6 月在小巨蛋有演唱會，如果有空可以和朋友一起來玩（指的是 2019 年）。」

我大笑說：「我們要先搶到票啦！你的票很難搶好嘛！」（那有要給我票嗎？）

他靦腆的笑說：「哈哈，真的嗎！」（天王太謙虛了吧 +100000 分）

我想光是創作、商演、錄節目、準備演唱會等等的工作，就已經夠累了，從來沒想過連這麼細節的事情，他也要親力親為。

他到香港後就要直接轉機，去別的地方工作，在機上很珍貴的幾小時，還是要用來工作。

成功的人從來都不是偶然或僥倖，臺下付出多少時間和心力，是我們無法想像的！或許都有一種強迫症吧，自我強迫的狠勁，要把事情做到最好！不只是對專業的堅持，更有源源不斷的熱情驅使向前。

看到這麼努力的力宏，我只想唱：「多的是你不知道的事……」

故事看到這裡，不覺得很奇怪嗎？

我一直蹲在力宏座椅旁很久，但腳都沒有麻耶！哈哈哈！（這是重點嗎？）

小聊後，我優雅的站起來，幫力宏張羅免稅品了。

走到經濟艙跟負責賣免稅品的同事說：「大單來了！力宏要 shopping ！」

坐在椅子上看起來很累的同事突然起身，「力宏嗎？讓我來～～」（眼睛發亮找到人生目標）

後記：後來看到友航組員 PO 出和力宏的合照令我扼腕！因為力宏已換上帥氣皮衣，是閃耀的國際巨星啊！和我的合照是穿舒服的睡衣，好啦……時尚的完成度在臉，我知道，但還是很羨慕嘛！哈哈哈！

和令人聞風喪膽的 TOP 10 LIST 老總一起飛

　　每家航空公司的都有所謂的黑名單 TOP 10 LIST⋯⋯名單上面都是有名的人，這個名單是要組員們和他們一起飛時，要好好做好服務，別不小心得罪客人。

　　在國泰每個職別都有名單，從老總（座艙經理 Inflight Service Manager）、資深機艙事務長（Senior Purser）、到一般空服員都有。這些名單會在公司內部流傳，都是用 WhatsApp 轉傳，厲害的是會時不時更新，而且有些名字後面還會括號備註，比如說個性怪異、EQ（情商）不佳、對客人很予取予求⋯⋯之類的，非常仔細。

　　我對這些黑名單其實沒有太注意，想說飛到就飛到，我換班時也不會特別去查，因為這樣超累！而且這些有名的人，他們的班表都會故意隱藏，所以其他人也查不到到底是不是跟他們一起飛。

我們在班機起飛前 48 小時，就可以看到當班一起飛的組員名單。

有一次我要飛杜拜，準備要寫組員名單時，才赫然發現這次要跟一個超有名的 J 老總同班機。

她名氣遠播，幾乎全公司都知道她的名字，因為之前發生過，她在飛機上大罵組員，也被組員報告上去的大事件！她 EQ 不佳、情緒不穩出名，很容易生氣，據說以前只要她看不順眼，都會大罵同班機組員。

一旦知道要跟這樣的知名人士一起飛，很多人就會提前選擇換班，而我們那一班的同事們，都是看在錢的份上，硬著頭皮，繃緊神經接下班務。

畢竟是杜拜過夜班，來回都是夜班很好做，更重要的原因是因為外站津貼超多，大家想說就忍一下，牙一咬就過了。

沒想到在簡報室時，就有事情發生。

由老總抽問安全相關問題，有一個同事被叫到，她好死不死漏講答案，我們其他人坐在在旁邊聽也是「皮皮挫」（臺語），但又不可以給提示。

老總說：「誰都不准幫忙回答！」

這個老總的風格又是一定要跟標準答案一樣那種，當下空氣凝結，安靜得連針掉在地上都會聽到……

老總後來淡淡的說了一句：「I will come back to you later.」（等等我再回來問你。）

接著輪完其他同事後，又轉回來問那個女生另一個題目，幸好安全過關，腦細胞不知道死了多少。

上飛機後，我們開始進入瘋狂忙碌模式。

那天飛杜拜的機型是 A330，我在經濟艙服務，總共有一個阿姊和四個組員。

剛上去飛機沒多久，老總就打電話下來找阿姊。

阿姊因為在忙著和空廚人員對餐點，特別餐數量又多，忙得分身乏術，我就衝去接電話。

老總劈頭就問：「你阿姊呢？叫她來聽！」

沒辦法我只好用眼神示意阿姊，把電話給她。

講完之後阿姊又繼續去忙，結果老總又繼續奪命連環扣。

把飛機上的電話當成手機在用，但每次要講的事情都很零碎，又不一次講完，讓人很火大！

經濟艙真的有很多事忙，多半都是我們幫阿姊接電話，老總後來超不爽，直接走下來質問阿姊：「Why don't you pick up the phone？」（為什麼都不接電話？）

拜託！我阿姊她又不是閒閒沒事幹在後面喝茶吃蛋糕！

老總就像有強迫症一樣，愛打電話又不准別人幫阿姊接。

開始做餐飲服務時，老總甚至站在客艙看著我們做，一邊盯著我們的笑容和應對，然後碎碎念……

搞得阿姊壓力很大，我們都超怕阿姊被逼到回程會請假，不跟我們飛回香港！

這個 J 老總在降落前，甚至做了一件很令我傻眼的事，讓我知道她為什麼會這麼有名了。

在降落前十五分鐘，我們已經檢查完客艙，這時候要準備回自己的組員位上坐好。

沒想到突然有一個客人，秒閃進廁所，喀一聲把廁所門鎖上！

我趕快跟阿姊說這個情形，她也得迅速跟老總回報。

因為飛機要降落了，我輕敲廁所門請客人儘速回座！

過了兩分鐘她還沒出來，老總已經打電話來語氣很不耐煩的說：「她怎麼還沒出來？」

我趕快回答老總：「我已經跟客人說兩次了…….」

過不到一分鐘老總從 1 號門，一路手刀往我的方向走，停在廁所門前，直接乓乓乓大力敲三聲（大聲到全部機艙的人都聽得到的音量），大聲到廁所門板都在晃動！

接著大聲說：「Passenger please go back to your seat now.......If you don't go out, I will be scolded by captain. Because we are preparing for landing......Please come out right now and go back to your seat.」（客人趕快出來回座位坐好，飛機正準備降落，你如果不出來，我會被機長罵，請馬上出來，回你的座位！）

我真的是傻眼到講不出話⋯⋯超級沒有禮貌，完全沒有顧及客人的尊嚴。

雖然要準備降落，但也不至於要下手這麼重吧！

我替老總捏了把冷汗，很怕待會兒客人出來會和她發飆對嗆！

老總吼完後，轉頭用充滿殺氣的眼神看向我說：「以後敲門要這樣！不然客人不會出來！」

不到 1 分鐘，客人開門出來，是一位看起來文文靜靜的菲律賓女孩，一臉很慌張的趕緊回座位坐好。

我心裡想：「如果你今天碰到的客人是新加坡客人，事情可能就很大條了！」

我坐在組員椅時還驚魂未定，真心覺得這個舉動很誇張。

她的出發點，站在飛行安全，是沒錯，但做法這麼極端，也很可能造成更大的衝突啊！

我總算親自體會，為什麼她的大名會在 TOP 10 LIST，屹

立不搖了。

　　感覺好像每家公司，都有這種令人聞風喪膽的人。一看到和這樣有名的人一起飛，為避免意料外的情況發生，只能告訴自己：

> "
> 做好情緒管理，
> 是服務人員的專業素養。
> "

首趟商務艙小菜鳥踢到鐵板

　　剛受完商務艙服務的訓練時，要上飛機服務商務艙，都會很像醜媳婦見公婆。就算飛之前，已經把服務菜單和餐點服務順序等等都熟記了。但第一次總是會非常緊張！

　　因為受訓的內容，通常和上線之後的真實殘酷世界，都會有不小的落差。就跟當新兵時很爽，但下部隊可能是地獄的意思一樣（說得好像我懂當兵）。

　　而且在商務艙要一起共事的同事，都是很有經驗的姊姊們，小菜鳥總是都會很緊張啊！

　　每個人做事方式不一樣，一邊要做自己該做的事，但也同時要注意他們想要、希望你完成的事！

　　但最重要的是，管理商務艙的老大他的行事、管理風格才是重點！（這是職場生存法則啊！）

　　我第一次服務商務艙，是飛荷蘭的阿姆斯特丹，碰到一位榜上「非常有名」的韓國姊剛好升上當商務艙老大，據說她是

組員間流傳的黑名單數一數二的怪咖。

　　我平常本來就不會特別去查名單，但這次抱持著很豁達的態度，想說順其自然吧！

　　國泰航空有一個傳統，如果是剛開始飛的小菜鳥，前幾趟班機，在進簡報室前，都要先去跟座艙經理打招呼，說一下自己是新人才飛沒多久，再請多多指教這種話！

　　這樣做可以讓哥哥、姊姊們有心理準備，就是你上機後可能只能當一個擺設（無作用功能）哈哈哈！因為新人動作比較慢，很多都是上線才慢慢學，加上訓練和實務本來就會有差，也得邊做邊學啊！先告知也讓他們知道可以多教你，相同的也不會對你期待太高。

　　上飛機後，就要地面服務準備和一些起飛後要用的備品，商務艙在地面要做的準備非常多。

　　我們當天的起飛時間是凌晨 00:30 分，用的是 747-400 空中女王機型，一般來說商務艙的空服員客人登機後，就要服務走迎賓飲料。

　　好不容易手忙腳亂的結束迎賓飲料、熱毛巾的地面服務，結果機長的廣播傳來：「飛機有零件問題，我們需要更換到另一架飛機起飛！」

　　登愣！

所有的人好像在玩一二三木頭人，聽完廣播都停格惹！

好不容易就定位的所有人，都要一個一個下飛機去，剛剛做的準備工作，得重新來過。且客人們也要拖著行李箱，去另外一臺飛機重新登機。

我們又要把所有地面準備的東西收好放回去。

還沒起飛我就滿身大汗，後面還有 13 個小時要熬……才會到遙遠的阿姆斯特丹耶！

兵荒馬亂的把客人送下機後，再度歡迎他們登上另一架 747 飛機，我們苦中作樂方式就是跟客人說：「Nice to see you again.」（很高興再度見到您。）

畢竟當時已經凌晨 2 點，客人也都還滿捧場的，還笑得出來，哈哈！

可能有些人也都很睏，大家也都撐著眼皮，所以笑點很低？

這次終於起飛了！

沒想到起飛後，才是我地獄的開始。

這個韓國姊，真的超～級～奇～怪！

與其說是奇怪，更不如說是喜歡給回馬槍。

明明在服務之前，可以先把她的要求先溝通講好，但很多事情也沒事先講清楚，跟她一起出餐車根本是我的噩夢。

服務完正餐，在出完起士和水果的餐車時，我試著要幫忙，她一剛開始也覺得應該可以，就要我幫忙夾餅乾和水果。

但是因為我菜鳥動作就比較慢，她就一邊服務客人，一邊回頭就發出「嘖」的聲音，在客艙擺一張臭臉讓我手好抖啊！

老實說，多數資深姊姊們在做服務都很快，因為很熟練，就連商務艙和頭等艙也一樣，沒耐心是正常的。

因為她們順手後當然快，但對於菜鳥來說，除了服務流程要熟悉，還要兼顧速度和服務品質，就真的是一種考驗啊！

而且這位韓國姊她超級奇怪，覺得我哪個部分要修正改善也不說，一直強調慢慢做就好，可是她明明就是一個非常急性子的人，又時不時做出不耐煩表情，就是要我動作快啊。這就像是我們跟朋友去吃飯，問他要吃什麼他說都好，但又嫌棄吃火鍋太飽，吃炸雞太油的那種人，真是讓人超級傻眼！

對首趟服務商務艙的我來說，只要一急就很可能搞砸，可能會更拖累大家，只能努力在可以控制的範圍中加快速度……（汗）。

還好我跟她輪休不同組，只有一起做服務，她先去休息睡覺我留守，輪休時間錯開，整個讓我鬆好

> **"**
> 如果共事的人不給力，
> 或是不好相處，
> 就只能一個人像小媳婦一樣
> 自立自強（擦淚）。
> **"**

大一口氣！

　　在商務艙很多時候都孤立無援，因為一般的空服員最多只有2位，其他都是位階高的姊，很多機型更只有1位小空服員（BC）。

　　注：國泰航空空服員職級：一般空服員（Bar and Cabin，BC）、機艙事務長（Flight Purser，FP）、資深機艙事務長（Senior Flight Purser，SP）以及座艙經理（Inflight Service Manager，ISM）。

在國外生病，好難！
蕁麻疹在巴黎和米蘭

　　巴黎和米蘭這兩個時尚城市，在我的飛行生涯中，留下了一個共同的紀錄，並不是買了很美的精品包包，更不是和帥哥一起燭光晚餐，而是我在這兩個地方都出現急性蕁麻疹！（扶額）

　　還記得那趟飛行，因為是長程班機，所以組員們會分成兩組輪休，我當時在休息室的時候就覺得怪怪的，好像脖子癢癢的，當時也不覺得怎樣。

　　但睡起來後就覺得有點不妙⋯⋯癢的頻繁程度變高，應該是過敏了，所以我就趕快拿備用藥吃！

　　反正再 4 小時就要到巴黎了，飛機上涼爽也乾燥，所以也沒有影響到我工作。

　　抵達巴黎時是早上 6 點多，走出機場冷冷的風吹到臉上，清晨低溫讓人瞬間清醒。

　　到飯店時已經 8 點多，迅速卸妝洗澡，冬天在歐洲最舒服

的時候就是洗熱水澡。但過敏就無法，只能盡量用很溫的水洗，很快搞定後趕快躺平休息，只希望睡醒後過敏可以消失！

沒想到睡了大約 3 小時後整個被癢醒……，這時候看到手臂和脖子，已經起了大片紅疹！

喔我的天啊！蕁麻疹整個大爆發惹 XD。身體越來越熱，又癢到很崩潰！而且只要一抓就會一大片紅，呼吸又有點急促，根本無法睡啊！

我立刻把房間的暖氣關掉……熱空氣讓我更不舒服。

不得不馬上聯絡公司，要看醫生。空服員在外站如果生病，都有醫療協助專線可以打，專業人員會先評估症狀和身體狀況，再評估要請組員自行去指定醫院就醫，還是請醫療人員直接到飯店協助組員。

都聯絡好之後，就請飯店叫計程車，直接殺到指定醫院看診！

我們在巴黎住的飯店很偏僻，非常靠近機場，所以從郊區要到市區也都要至少 30 分鐘到 40 分鐘的車程。

一路上看著窗外巴黎的美景覺得很無奈……也無心欣賞，只希望過敏趕快退散！

醫生告訴我不管過敏原因是什麼，告訴我至少要 48 ～ 72 小時才會把體內毒素完全排掉，意思是我回程就無法飛行了！但是我們飛到巴黎外站，能停留在當地休息的時間，也只有大

約 50 幾個小時啊～那這樣我該怎麼辦呢？

醫師寫好診斷證明，也開好處方籤後，我就繼續坐車去指定藥局買藥，我還記得是在香榭大道附近的藥局……

買完藥也終於搞定了，這一趟看醫生，光是計程車費，大約花掉臺幣 5000 元！

還好都可以用收據跟公司申請實報實銷，不然這趟大概就白飛了！

身體因為免疫力下降發出的無聲抗議，這不是第一次了。

上一次也發生在我喜歡的城市米蘭，回想起那次更戲劇化。

因為醫療協助專線的人員說，米蘭的指定看診醫院是中大型醫院，我根本像無頭蒼蠅一樣亂竄，光找一個急診室就傻眼；因為全部都是義大利文，想直接用問的，但現場找不到可以用英文對話的人。

我只會西班牙文，沒想到這時候居然派不上用場。

原本以為這兩個語言相似程度應該是很高，沒想到

> " 好好照顧自己不要生病，
> 也是專業的一部分啊！ "

關於醫療的用字落差很大。

好不容易到了急診室，然後找了護理師詢問，溝通再度出現困難……不過這次出現轉機，護理師很聰明請出醫師來救援！

呼……得救了！（不禁覺得老天保祐！）

外國人要在國外要看醫生本來就是件很麻煩的事，就算出示相關文件，也都得解釋半天，因為醫院的人不見得很清楚你的症狀，在語言不通的情況下，根本雞同鴨講。

看完病後要打電話跟公司回報狀況，大致會有 3 種狀況：

第一種情況，回程還可以繼續當組員工作。

第二種是可以跟原班機飛回去，但因為身體關係不適合工作，這種就是要 PX（當乘客回）。

第三種是比較特別的情況，就是需要留在當地繼續治療。

依照醫生的指示，公司才能及時做人力調配。

像我在巴黎那次就是第二種情況，人可以跟著原班機回程，但無法工作（只能當乘客）。

這樣的話機組人員就會少一位，公司會再趕快安排另一位同事補上我的位置！

在外站生病真的是一件很痛苦的事，會特別脆弱也特別想家，不管是巴黎還是米蘭，當下就只想要拖著行李箱回家而

已……

　　大多數人看到這份工作的都是美好的一面，但事實上會遇到一些無法預期的狀況，都需要自己處理問題。

　　自從那兩次生病的經驗後，飛長班前大概就是連續幾天吃藥預防過敏，哈哈哈！

最戲劇化的巴黎聖誕節好班

2017 年聖誕節前夕剛好拿到巴黎班，超級興奮的！

都是巴黎班有什麼特別呢？為什麼這麼開心？

因為公司的福利之一，在 12 月 24 日平安夜，或是 12 月 31 日跨年夜，只要人在外站，當天的晚餐津貼就會多一倍，我們稱之為「double dinner」。所以住的飯店如果越好，晚餐津貼就會越高，呵呵（嘴角上揚）！

而且我還跟同鄉的 Julie 姊一起飛，帶我進國泰的一位貴人姊姊，已經是座艙經理了啊。

有最大的姊罩，又是聖誕節，覺得自己根本發達了！

有時候因為班機調度的關係，來回航班裡的組員不見得是同一組，剛好我的是五天班，而大多數的同事都是六天班，硬生生多我一天，可以在巴黎停留 3 個晚上。

我忍不住羨慕的開玩笑跟 Julia 姊說：「如果可以多留一天，就太好了！」

在表定要回香港那天，全副武裝按照時間在飯店準備要退房（check out）時，突然收到通知飛機延誤的消息，因為飛機零件故障，所以要待在房間等候通知。

因為完全不確定要等多久，不敢把頭髮拆掉、也不敢把制服換掉，很怕突然接到電話說要集合。

結果就這樣穿著制服、頂著包頭，乾等了兩小時，我受不了立刻換睡衣開始追劇，但心一直

> 原以為的爽班，
> 還真應驗了計畫趕不上變化，
> 工作還是抱持好好工作的心吧。

懸著，沒過多久接獲通知要再度延後，表示飛機一直沒有修好。

午餐時間到了，房間沒有任何糧食，電話拿起來點客房服務，還忍不住問一下飯店，點什麼最快，很怕吃到一半或是還沒吃的時候，集合的電話通知又打來，壓力真的很大。

一直等等等，等等等，過了七小時後，天色都已經黑了，我還是在房間裡，最後，班機取消了。

當天有滿機的客人，有些轉到其他家航空，有些就要在機場飯店住一晚，等待隔天回香港的班機，客人也很崩潰。

一語成讖，所以我的巴黎班因此又多了一天，但是多出來的那一天，被困在房間，一整天精神超級緊繃，也非常疲累。

班機確定取消後，我們先下去飯店大廳領外站津貼，大夥們衝去飯店附近的商場覓食，順便準備多一點糧食，萬一又有什麼變化，才能抗戰啊！

隔天我們接手另一架從香港飛來的班機，要飛回香港，我們都順利到飛機上，要開始做地面準備時，結果又超過該登機時間，眼看也沒有動靜，機艙門又一直沒關，我看到副機長一整個忙碌又走出機艙，我們又開始緊張，想說不會又故障了吧？

到底是誰帶賽？啊哈！（苦笑）

更戲劇化的事，原本 Julia 姊的六天班，要起飛那天也走不了。

因為原本我要飛的那一臺飛機壞掉，引擎一直沒修好，他們因此又多了一天，變成七天班，更令人羨慕的事，她飛的那班飛機上只有空服員和機長，沒有客人！

而我們，載著滿到溢出來的客人，飛回香港！

一年一次要拿到的
長期飯票：空服員年度複訓

　　空服員每年都會有一次的複訓，一定要通過了之後，才可以繼續工作執勤，所以也被大家稱為每年拿飯票的關卡大魔王。

　　空服員的年度複訓，每家航空公司的代號都不一樣。

　　之前每一年，網友一定都看過我在哀哀叫說：「要考試了！」要考過才能拿到隔年的飯票。

　　大家知道我們正式成為空服員前，都要受訓一個多月到兩個月，所有的考試都通過後才能上線。但這並不是一次性考試，更不可能考完就都不會忘記，就因為跟飛行安全息息相關，每年都得確保這些知識我們都很熟悉。

　　年度複訓就像飛行許可證，要再重新複習過，考完試才能再上線。

　　我們有一本很厚「國泰航空組員聖經」，裡面有所有機型的所有安全相關資訊、醫療知識和急救步驟、緊急逃生步驟、

機上安全規定和設備等等，什麼都可以找到。

年度複訓我們至少有 2 天，一天是上課，一天考試，有教官帶著以分項目的方式複習，在課堂中討論這一兩年飛機上遇到的真實狀況，也會在課堂上問問題。

同學是公司隨機安排的，每一班裡面有各個職別的空服員，職位從最高的座艙經理 ISM、資深事務長 SP、機艙事務長 FP、和一般空服員 BC。

如果被教官點到，問題答不出來也可能完蛋，表示你頭腦不清楚，沒有複習，就會被做記號、特別關注。

壓力最大的是，每年也都要上模擬機操作緊急出口艙門開門作業（emergency door operation），從空中巴士到波音的機型都需要做，而且是每一個人單獨上去操作喔！

全班同學都在旁邊看，然後教官會現場出題目，假設的狀況都是緊急逃生（Evacuation）相關的題目，然後看你負責的位置是第幾號門，你就要做出相對應的反應和逃生指引。

此刻真的是腎上腺素激發的一個瞬間，而且不能做錯！

因為這很嚴重！有可能害你過不了考試，想到我又緊張起來了（壓力山大）。

教官都會唱名字，一個一個上去作答，「Next, Emily ,please.」這樣就是輪到我上場囉。

坐在組員椅上的時候，頭腦裡真是千思萬緒，在思考所有的應對步驟，然後教官可能發狠，出一個水上迫降，那我的負責的門可以開嗎？口訣有哪些……

一邊也在祈禱，拜託給我簡單好處理的題目（天公伯啊），接下來就聽到指令開始，之後就是大家在網路上看到的機上逃生影片一樣，空服員要很大聲的喊出模擬逃生程序。

上述的演練以外，每年也都要幫安妮（急救訓練模型）做 CPR（心肺復甦術 cardiopulmonary resuscitation），除了腦子記憶，身體記憶也要複習，姿勢一定要正確才能做最有效的急救。

接下來還有電腦測驗的考試，但選項都超級有陷阱，故意弄來搞混我們的，就是有那種答案很像的。所以真的都要看清楚才能作答，有限制至少要 80 分才算過關（當然術科包括實作那些也要過）。

我覺得最難背的就是醫療疾病症狀，很多名稱都長得很像，而且都要背英文——心臟病、深層靜脈栓塞、中

> **對啊，**
> **空服員每年都要考試，**
> **身上的制服代表著專業啊！**

風、急性過敏、過度換氣症候群等等，各種醫療專業名詞，這些東西都要背，還有如果在機上發生要怎麼處理，順序是怎樣都要知道。

當然我們不是醫生護士，不是由我們去治療，但一定要知道客人有可能發生什麼問題，聯絡空中醫療團協助，我們才能擁有足夠的專業知識，確切給出最正確的資訊。或者機上有醫護人員的狀態下，我們可以給予最有利的協助，不管是找藥物還是幫忙其他的照護處理。

以上全部的科目都考過了，才能拿到下一年的飯票，如果沒過是可以補考沒錯，但沒有出錯的空間，壓力就會非常大，而且還要去見長官耶！

之前朋友會驚訝的說：「啊！原來你們每年都要考試的啊！」

對啊！沒錯！

所以每年的年度複訓前兩週，我就會開始唸書。

後來更方便，有年度複訓影音的整理，方便空服員在世界各地K書，如果時差睡不著，保證看了就會很好睡啊！哈哈哈！

空服員不工作：
坐在座位當乘客？

　　大家有沒有搭飛機的時候，曾經看到過空服員坐在客人的椅子上，然後就是一臉明明是空服員的樣子，就是你看到大紅口紅啊，妝容很完整。

　　是不覺得很奇怪？為什麼會有這樣子的狀況？

　　其實這也是我們在工作班型的一種，就是當乘客（passengers，簡稱 PX），不同航空公司會有不一樣的說法，我們也會簡稱 DT（Duty Travel）、有些航空公司會稱為 DH（Deadhead），或者是 PNC（Positioning crew）。

　　穿制服上飛機，又不用服務客人的這個工作，我真的非常愛。

　　有個印象很深的經驗，有次從舊金山飛香港，我們有一整組的組員一起 PX 當乘客。我覺得當時的情形，就好像去郊遊一樣愉快。

　　去程我們是先從香港飛舊金山，那一班的舊金山航班，我

們只在當地停留二十四個小時而已。

大家想像就知道，這是個爆肝又很操勞的航班，因為休息時間不夠，所以公司安排我們一整組的人回去就當乘客。

當時公司有舊金山基地的空服員，因為航班調度，我們去程一整組的組員，隔天就搭他們所執勤的班機一起飛回香港。

所以當天飛到舊金山，到飯店 check in 之後，我們就宣告下班，大家都很興奮，把握時間，跟同事一起去吃國際馳名的甜點店「Cheesecake Factory」，很多人應該都有吃過，一定要吃他們的甜點，接下來就是大家的鳥獸散的血拼時間。

因為不用上班，就沒有工作壓力，尤其又是美國，有很多東西想買，大家都很放鬆的去買自己想賣的東西，我們就一直敗家到下午六點才回飯店。

當地晚間的十一點，是出發到機場的時間，所有的組員都要提前至少十分鐘下去大廳，將房間 check out 之後集合。

時間一到呢，飯店的接駁車就會把我們載去機場。

就算是當乘客，PX 也是上班，所以正常上班需要的配備，當乘客也是需要的，比如說你要穿制服化妝、綁包頭。我自己的習慣，妝會比上班的時候來的淡一點點，因為也不需要真的服務客人。

到機場後，地勤跟我們說，我們全部都可以坐商務艙，我

們當時非常開心！因為我們本來很擔心說，我們這組有 14 個人，怕商務艙的位置不夠，當天商務艙的位置也差不多只剩 14 個位置。

　　我們在執勤前一天，就一直在確認看看訂位會不會變多，我們很怕如果客人突然變多，就有人沒商務艙的位子坐，就要到後面經濟艙坐。畢竟是長班啦，躺著還是比坐著舒服很多啦！哈哈哈！

　　我們一群人很幸運的就可以坐商務艙，在過海關之後，我們會在登機門前面，跟當天準備上班的組員打招呼！

　　客人看到應該很傻眼，心裡想說：「這航班怎麼會有 30 名組員，又不是搭 A380。」因為客人不知道有一整組的組員，是不用上班的。

　　等到執勤的組員在飛機裡面準備好之後，我們會在客人登機之前先進去，一進去就開始找位子坐好，把東西都放好了之後，我們就要換便服、把頭髮拆掉。

　　通常會換睡衣，穿便服外套，變身真正的客人。

> 體諒是服務的本色，
> 即使身為乘客，
> 還是要懂得換位思考。

　　在航程中，我們可以很爽的盡情吃喝、看電影，做所有客人都在做的事情，

但唯一就是不能喝酒！

有時候我們自己在上面不用上班是很爽，可是看到同事在服務，我們還是會很有良心的，盡量減少他們的工作量。

譬如說，我們上廁所的時候，會注意衛生紙需不需要補充、會不會很髒，稍微幫忙整理一下。像是如果我們半夜想喝點東西，不會找空服員，我們就會走進廚房自己拿，因為我們都知道放哪裡，都很熟悉。

每次這個時候走進去廚房，就會看到同事正坐在那邊休息，當他們看到有人進來，就會自動反射趕快站起來，不過就會立刻被我們制止，這時我們都會用廣東話跟他們說：「沒關係，我自己來就可以了！」他們才會安心坐下。我們都知道，做長班有多麼疲累，這是同事間細微的小體貼。

在機長做了「降落前三十分鐘」的廣播之後，這時候我們就要把制服換回來。

把頭髮綁好，把服裝儀容整理好，擦口紅，恢復空服員的樣子。

抵達香港後，我們會等所有的客人都下飛機，我們才會下飛機。

那雖然 PX 當乘客是一件很爽的事情，但是也是很公平的啦，因為 PX 的飛行時數只算一半！也就是說，如果是從舊金山飛回香港，總共飛了十四個小時，PX 的空服員，就只會算 7 個小時的飛行時數喔！

飛機客艙的大總管，
也是組員堅強的後盾

　　飛機客艙裡的頭頭我們叫「座艙長」，一般航空公司會稱做 Purser，但在國泰航空公司比較特別，名稱和其他航空不同，我們不叫 Purser，我們是叫做「Inflight Service Manager」也稱為座艙經理，俗稱老總。

　　如果你們曾經搭過國泰飛機，一定會注意到她，全機艙唯一一個穿全黑的女王！（黑色很顯瘦，哈哈！），男生的座艙經理的西裝外套很好認，是穿西裝領。他們雖然不需要做服務，但其實責任很大，在飛機上有任何事情發生，他們都要寫報告、也要負責處理。

　　畢竟有些貴客很愛說這句：「叫座艙長來！」

　　對空服員來說，座艙經理是誰非常重要，因為決定這一趟好不好飛，就像大家在辦公室一樣，「主管決定命運！」和好的座艙長一起飛，團隊工作氣氛很開心很放鬆，工作效率也會

提高，呵呵。

曾經飛過一位座艙經理，讓我覺得很佩服，她跟我分享一件發生過的客訴。

客人動怒大發飆，在她的面前把服務的空服員罵得很難聽，像是不該存在在世界上一樣！

但就她的觀察，那位空服員很溫和有禮，態度也不錯，但客人誤會也借題發揮，堅持要那位空服員親自來道歉。

她直接跟客人說：「I am responsible for the cabin service, please accept my apology.」（我是客艙服務的負責人，請接受我的道歉。）

沒想到客人很生氣，回說：「I don't want your apology, she should be the one doing it.」（我不要你的道歉，叫她來道歉！）

座艙經理告訴我：「錯不在組員，她不可能逼組員來道歉，這樣只會造成反效果，因為組員心裡會很不服氣也很委屈。」

> 很有同理心又超級溫柔，
> 我們都很希望可以跟這樣的主管
> 一起工作！

「我們每個人都是從菜鳥上來的，客人借題發揮的事件很常見，我的工作就是要保護組員，好好處理這

些事。」

接著她笑笑的說：「我的 Title allowance（ 主管津貼）包含這個啦！就是挨罵的費用啊！」她早就做好挨罵不出聲的覺悟。

她俏皮的跟我眨眼說：「可能因為我長得比較無辜，客人多半都滿給面子的！」

真的很喜歡像她這樣的老總，百分百相信支持自己的組員，只要大家有把份內工作做好，發生什麼事就是她擋在前面。用她在服務業多年經驗和觀察，良好的應對進退，幽默、圓融的化解客訴危機。

身上的制服，原來這麼重！

從事這份工作之前，我只會注意空服員的制服漂不漂亮，但當我成為空服員後，才深刻體會原來它不光只是漂亮，卻也很有重量。

不知道在大家心中，空服員的專業是什麼？負責送餐收餐？還是賣免稅品？

在飛機上，我覺得我們很像神力女超人，只不過衣服包得比她多一點。

舉凡飛機上的大小事都要處理，小至客人吃不到雞肉飯氣噗噗，大至要搶救生命，幫客人做 CPR。

那天，從香港飛往名古屋的班機上，機上載滿了 309 名旅客。

起飛後不到一小時，當時我正在商務艙做餐飲服務，突然間，座艙經理從後面拍了我肩膀一下，告訴我先暫停服務回廚房。

起飛前原本笑臉迎人的經理，現在臉色全變，充滿不安。

他嚴肅對我說：「機長突然胸痛，和遠距醫療支援 MedLink 討論過後，為了安全，飛機要馬上折返香港。在降落前機長隨時有昏倒的可能，一定要找一位空服員進去駕駛艙裡，好應變緊急狀況與救援。」

接下來經理皺起眉頭，開口對我說：「Emily 你可以進去嗎？Are you confident（你有信心嗎）？」

聽到這句話，我的胸口好像遭受重擊，前不久跟這位機長飛過日本，是個快 50 歲的大哥，身材精瘦，看起來就是有維持健身好習慣的人，笑起來眼角都會上揚，非常有精神。

怎麼突然變成這個樣子！

我頓了 2 秒、心頭一揪，說：「Yes. I can do it.」（是的，我可以。）

經理說：「你不要緊張，有任何情況，只要遵守副機長的指示做事就好！」

我點點頭，但心裡的 OS 是：「不緊張才有鬼！機長有可能會昏倒耶！光想既是擔心又是害怕！」

不過我還是接下了這個重責大任。

駕駛艙門喀一聲的打開了，我走進駕駛艙，馬上看一下機長的狀況。

他冒出的冷汗，滲溼了胸前一大片制服，儘管臉色有點慘

白，還是勉強扯著笑容，轉頭對我說：「Hi，我還好，不用緊張。」

我看到機長的雙手扶著前方的儀器，感覺整個人很疲倦無力。

此時，聽到外面經理對全機的旅客廣播：「各位旅客，由於機組人員身體不適，為了安全起見，我們必須要折返香港，造成您的不便，我們深感抱歉，也謝謝您的耐心及諒解！」

話筒還來不及掛上，有一位爺爺緊抓著經理的手問：「發生什麼事了呢？有什麼狀況嗎？我還要去看我的孫子。」

經理也立刻回握著爺爺的手安撫他：「你不用擔心喔！先回座位把安全帶扣上，飛機先飛回香港後，晚點你就可以搭另一班飛機去看你的孫子囉！」

機艙內你一言我一語，乘客漸漸開始躁動。

> " 當下，我才意識到，
> 原來機艙門關閉之後，
> 不只是乘客，
> 就連機長的安全責任
> 同樣落在空服員身上。 "

因為突發狀況，副機長現在必須接管折返香港的航程。

我不禁住心想：「萬一機長倒下了，副機長有能力帶我們平

安降落嗎？」就連接受過專業訓練的我，也開始萌生了這樣的疑慮，如果連我都這麼害怕，那機上的旅客呢？

原本轟隆隆的引擎聲，瞬間消失在駕駛艙裡，只留下我撲通撲通的心跳聲。

「Emily！如果有任何狀況，你只要按照我的指示做就好，一切都會沒事的！」副機長宏亮大喊一聲，把我拉回現實。

回想起受訓時，教官每堂課前都會叮嚀：「安全，永遠是我們第一優先的考量！」

我要相信身上穿的這套制服，代表我受過的專業訓練，有能力保護飛機上每一位乘客，也包括機長在內！

也要對同事有信心，副機長一定沒有問題的！

駕駛艙前的雲朵漸漸散去，降落是飛機最危險的時候，我的心跳也越來越快。一邊注意著身體不適的機長，一邊也看著前方，地面上的建築物越來越清晰，聽到飛機儀器系統讀出飛行高度 500 英尺……

400……300……100……50……40……20……

飛機的速度漸漸緩慢下來，終於，我們平安降落香港機場。

我看著讓醫療人員帶下飛機的機長，這個時候才驚覺，制服上肩負的不只是機組員與 300 多乘客的生命，還有背後每一位乘客的家庭。

機艙門關閉後，直到抵達目的地以前，空服員和客人就只有彼此，在 30000 英尺的高空上，一有狀況空服員就要挺身而出解決。

對於服務，大家的期待很高，但對於安全，大家卻疏於關心。

記得有一次，我正在做起飛前的客艙檢查，突然發現一位坐在緊急出口的乘客，她把包包放在地下。

我禮貌地跟她說：「小姐，不好意思，我們要準備起飛了，我幫你把包包放在行李櫃裡喔！」

客人激動的說：「不行！我有很多東西要用，不能放上去！」

我端出親切笑容耐心的解說：「這裡是緊急出口，為了安全，地板上不可以放任何東西。」

「奇怪耶，剛剛那個空服員也沒說怎樣啊！」

為了飛航安全，我堅持，「小姐，這是絕對不行的，這裡是逃生出口，絕對不能放東西。」

> 相信空服員的專業，
> 配合指示，讓我們一起合作，
> 把重量變漂亮！

她沒回話，噴了一聲，翻了一個華麗的白眼，表情很不以為意的讓我把包包放上去。

　　每個航班都會上演這樣的例子，遇上這樣的旅客，瞬間就會感覺，我「制服的重量」，變～更～重。

　　很多人會覺得，哎呦～又不會怎樣，不會那麼衰啦！

　　然而一旦意外發生，你不只危害到自己，更影響到其他乘客的安全！

我的制服很漂亮，
但也承載機上所有人生命安全的重量。

職人空姐：

出國工作大不易

香港生活步調 RUSH RUSH

我在杜拜待了快一年之後，在網站上看到國泰航空即將要到臺灣招考的消息，我簡直樂翻天！

而且非常巧合的是，我剛幸好招考那段期間放年假兩週，所以理所當然的可以回臺灣考試，一切似乎都銜接得很剛好，我也如願的考完並填寫了香港工作申請表。

印象很深的是我現在的同事 Carole 認出我，她說：「你是阿聯酋的 Emily 嗎？」

哈哈，整個讓我受寵若驚啊，因為她當時很想考阿聯酋，一直都很關注我在無名寫的網誌上分享受訓和飛行的事情。

不過我要承認那時的我，並沒有現在這麼勤勞在耕耘寫作（笑），我都是一天捕魚三天曬網，並沒有在無名闖出什麼名號。

很開心的是當天我們一起在考場填寫了香港工作申請表，等待好消息的來臨。

從阿聯酋離職後一個多月，就直奔香港報到了！

對我來說是全新的生活和開始，或許，將會是一樣的飛行生活，但卻是不同的心情，因為家，離我更近了！

還記得到香港那一天，就在領行李那邊看到張學友了，真是好預兆，也真後悔沒有衝過去拍照。

有同梯的臺灣人一起受訓真是再幸福不過的事了，當時我在阿聯酋受訓時，同班的也只有一位臺灣人啊！

公司會安排所有外籍組員，在加入公司的前兩年，入住位於屯門的黃金海岸（Gold Coast）。

兩個人一間公寓，一踏進住的地方，看到我的小房間立刻傻眼！

一張單人床、一個衣櫃、一個化妝臺的空間？

我只能說，香港的房間比我在杜拜住的廁所大沒多少！

我真的沒有誇張，在杜拜的宿舍是公寓，兩個房間都有衛浴，而且客廳和廚房空間都很大！

而事實上，黃金海岸那邊的住家已經算是很不錯的了！我秒懂香港的寸土寸金了啊（驚嚇過度）！

黃金海岸靠海，非常潮溼，我們是冬天搬進去，每天像住在冰箱一樣冷，我立刻買了一臺尚朋堂小暖氣，那年的冬天真的幸好有它。

開始受訓就是每天早上六點起床，八點上課、五點下課的生活了。

很多人以為之前是別間航空公司的組員跳槽，就不需要再重新受訓。

這是不正確的，因為每家航空公司的機型和安全逃生步驟與口訣並不一樣，每一個人都要接受完整的職前訓練，並通過考試才能飛行。

在受訓的水深火熱當下，我有那麼幾秒鐘後悔，為什麼要再重新受罪一次！

還好，頭過身就過了，後來適應了生活節奏，就覺得還滿開心。

受訓的時候在國泰上課，一樣是以全英文進行喔！

不同的是，因為公司裡大多數員工為香港人，廣東話無所不在，這件事對當時的我來說，是非常有趣的事，因為我已經想學很久了。每天下課回家都還會 K 港劇，完全忘記應該先讀書才對（畫錯重點）！

在短時間內要塞很多資訊在頭腦裡，真的不是太容易，不過因為有之前的經驗，讓我在國泰航空的受訓比較快上手。只不過每天早起要化妝、弄包頭，要常補口紅，又要擔心指甲油有沒有刮花比較煩而已。畢竟在受訓期間，都有 trainer（教官）很嚴格的在打服裝儀容的分數。

香港的生活步調與臺灣相比，真的快了不少。

從國泰城裡就可以發現大家走路都偏快，或許已經習慣了緊湊的生活，大家注重的是效率，做得快又要做得對、做得好。走在香港的街上，更能感受到大家的生活壓力真的不小。因為高消費、高樓價與高競爭讓大家拚命工作賺錢，連吃飯都吃得很快，這樣的生活一點也不輕鬆。

在香港吃很便宜的茶餐廳，隨便也要大概 30 多塊港幣，如果一天三餐都要外食，那一天就要花超過一百元港幣，這樣算起來大概是臺灣的兩倍消費喔！還不算那些要買的日常用品、交通、娛樂與逛街購物的種種消費。

所以想當然爾，有很多人還是都會自己買菜煮飯。

在香港有街市（傳統市場）和超市可以買，很多東西都可以買到，因為飲食習慣和文化並沒有差很多，所以該有的都有，只不過貴了一點。

對了，高麗菜我一定都從臺灣帶過去，因為香港的都煮不爛不好吃啦！這是我一直以來的堅持！（握拳，哈哈！）

在國泰的第一趟首飛，我記得是吉隆坡來回班，簡報室裡好安靜，每一個走進去，都要一個一個跟大家介紹自己，比如說：「Hi, I am Emily。」（嗨，我是 Emily。）其他人也都會回應你，身為小菜鳥緊張死了。

上飛機後才是壓力大的開始，因為受訓和真實上機工作都

是兩回事啊！

大家在做地面準備時超快，快到我可能只做完一件事，大家已經都用完搞定了（暈）。

之後出餐的時候，隔壁走道的男生飛也似的送餐速度，嚇死我！

也太快了吧～～飛航時間長達三個多小時耶！

我瞬間壓力倍增的加速，他告訴我：「你不錯啊，動作也滿快的耶！」

還好我是有經驗的組員，還好還可以緊追著對方的車尾燈（滴汗）。

在阿聯酋航空，外國人送餐非常放鬆，一點也不趕，還會跟客人寒暄。

在國泰航空如果多聊幾句，我旁邊走道的同組員，已經不知道把車開到哪裡去了。

這就是很明顯的差別，多數亞洲人一起工作注重的是趕快把事情做完，將團隊力量的效率最大化。

如果你們以為只有短班會這麼快，那就錯了。

如果是飛長班，就會更快！

原因是因為趕快做完，大家可以開始輪休，可以休息多一

點的時間。

　　雖然會有點壓力，也需要花一些時間適應，但我很喜歡這樣的工作模式，大家都知道自己在做什麼，團隊合作就是大家一起努力完成任務。

　　如果想要去香港工作的人，不管是不是想當空服員，做任何工作一定都要了解這一點，他們工作效率都超級快，要做好自己份內的事，不要麻煩別人做你的工作，增加別人的負擔，因為相對的，他們也不喜歡造成別人的麻煩。

　　不懂要主動問，更不要因為不懂裝懂，結果做錯還要重來一次，或者導致發生其他問題，才更麻煩。

> "
> 自己喜歡與想要過什麼樣的生活，
> 都是自己決定的，
> 選擇不是最難的，
> 難的是要克服之後的種種問題，
> 找出適合自己的生活方式！
> "

　　要證明自己的價值和工作能力，就一定要主動積極與努力學習。

　　香港人最常說的一句話就是：「唔使急，最緊要快。」（不用急，

最重要要快！）這句話充分說明，他們有多注重「快、狠、準」。

個人表現與人格特質，都必須要相輔相成，不懂的東西可以學，工作技能可以再訓練，但是有 AP（態度問題 Attitude Problem）的人，是絕對萬萬不可的喔！

之前提到過，大多數同事都是香港人，在機上會有很多機會聽到廣東話，還有很多客人是香港人，至少要能聽懂和應對一般的生活會話，這樣生活會容易一點。

主動學習另一種語言，也是快速融入當地生活的一種方式，當然普通話大多數香港人都會聽，但是多學一種語言對我們來說並不吃虧啊！

想一想，坐在餐廳裡，可以自在輕鬆的用廣東話點餐，是多麼「嗨森」（開心）的事！

基地在香港有一個最大的好處， 因為離臺灣近，隨時想回家都可以說走就走。

只要班表有連休三天以上，大多數臺灣人就會飛回臺灣，也因為有家庭需要照顧，有很多線上飛的哥哥、姊姊們，有時為了飛回去陪陪小孩子，就算只有兩天都會衝回家，就只是為了多一點時間相聚，這是另一種辛苦和辛酸，不過為了賺錢養家，犧牲是必然的。

對當初想考國泰的我來說，飛行生活幾乎沒有不同，不同的是在香港生活的日子，快樂多了很多，熟悉的環境和文化讓

人覺得安心，雖然航點真的少了滿多。

　　不過有失必有得，端看自己的需求。

　　出國工作一定會碰到很多困難，套句王力宏的歌〈你不知道的事〉裡最後一句歌詞。跟我一起唱：「多的是……你不知道的事（屎）」很寫實，卻道出很多出國工作人的心聲。

杜拜，男尊女卑是日常，但沒想像中的保守

　　還記得 2009 年扛著兩大箱行李，與其他考上的臺灣人一起飛到遙遠的杜拜，正式加入阿酋航空成為空服員！

　　帶著興奮期待的心情從香港轉機直飛杜拜，但一出機場迎面而來的熱氣，讓人瞬間從美夢中醒來！

　　接著眼睛看到很多穿著傳統伊斯蘭教服裝的人，我開始覺得……一切好像沒有那麼容易了。

　　到了公司提供住宿的地方，好大的公寓，與曼谷室友一起住，兩個人的房間都很大，浴室也是分開使用，看起來真的很棒。

　　但當我一個人坐在房間時，看著行李、空大的房間、聞著不熟悉的氣味，我居然有點想回臺灣了。

　　那麼努力考上的航空公司，怎麼可以在不到 24 小時就想放棄？喔不，太弱了，哈哈！轉頭開始整理行李，準備迎接充

滿挑戰的海外新生活。

幾乎沒有太多時間思鄉，受訓後每天充斥著緊張與壓力，生活很緊湊。

有好多書要唸，幾乎都睡不飽，時間過的很快，雖然辛苦，但有好多來自世界各地的同學們一起努力。

我慢慢適應了，對在國外工作這件事，也終於開始感受到樂趣了，我的同學們來自非洲、澳洲、阿根廷、巴西、泰國……等，很多人都會說超過三種以上的語言，還好我也是三種語言剛好（國語、英文、西班牙文），呵呵！

多國文化的工作環境，真的是臥虎藏龍，外國人信手捻來的幽默和靈活的思考模式，是東方人很缺少的。因為教育和生活背景不同，我從他們身上學習到很多。

幸運的是，我的宿舍樓上有住臺灣人（通常大家都是分布住在各地區的）。已經飛了一兩年的她們，時不時的分享與幫忙，讓當時還是小菜鳥的我覺得很感動。可以上去串門子聊聊，總能舒緩鬱悶的思鄉心情。

但是我的宿舍位置實在鳥不生蛋，記得旁邊有一家Spinneys 小超市，是我非常好的鄰居。

在杜拜，其實外食也可以吃到各國料理，很多東西都買得到，不過消費偏高，與香港差不多。但說實在，在沙漠除了跟朋友約吃飯外，大多時候還是自己煮，吃著從臺灣扛來的料理

包、麵條、罐頭、調味料、泡麵、零食就很滿足。

對了，有需要也可以 call 外送，在那邊都喝礦泉水，也不需要自己出去扛。

對面的巴基斯坦雜貨店，就會用手推車送好幾箱到你家門口，door to door service（戶到戶的服務），超方便！

那時候的杜拜還沒有蓋好捷運，如果要出去逛逛，都是坐計程車，以前那時起跳是 AED 迪拉姆 3.5（約臺幣 30 元），算滿便宜的，不過現在已經漲了一倍了。

最常去的地方大概就是購物中心，逛不同間的差別而已。除此之外，也沒什麼會特別去的地方。

但在杜拜的新鮮人一定要做的事，就是參加一日遊的 Safari 沙漠衝沙體驗——先坐吉普車體驗在沙丘間奔馳的豪邁感，有甩尾、急速轉彎、爬斜坡，在車裡就是會亂叫一通，非常刺激。也可以體驗穿阿拉伯傳統服飾體驗，幻想自己是油王或是酋長之類的哈哈。

人生第一次騎駱駝實在很驚人，駱駝站起來那一刹那，我超傻眼，牠的腿居然這麼長，站挺的時候，感覺我要飛起來了！

欣賞完沙漠日落後，晚上的活動也很特別，有當地的中東舞蹈表演，可以一邊吃 buffet 一邊看表演，吹著涼風享受沙漠獨特的美景美食。

　　還記得 2009 年 12 月 31 日，和同學一起在海灘跨年看煙火，第一次試吸水煙（shisha），卻怎麼樣都沒成功，因為我不會抽菸，所以根本不知道怎麼讓煙從鼻子吐出來耶，超級「落漆」（臺語），哈哈！

　　在杜拜有七成以上的人都是外國人，大家都是離鄉背井，只是為了賺取多一點的薪水，從低階勞工到高階主管都有來自各國的人。

　　雖然是在中東，但沒有大家想像的保守，穿著短褲、無袖上衣上街都是可以的，不會有異樣眼光。（不過在沙烏地阿拉伯就絕對無法喔！）

　　當然，回教國家男尊女卑的文化是非常正常的，這點也要習慣，大男人主義在飛機上、在路上時時刻刻都在上演。

　　在杜拜的週末是星期五和六，而每年伊斯蘭曆的九月是齋戒月，日落才能吃東西，日出就得禁食，連水都無法喝，所以只要是齋戒月，很多餐廳都不會開門，路上就會很冷清。

　　當然不是回教的我們仍是可以正常吃喝，不過就盡量不要在公共場合吃喝，這是一種尊重。

> "
> 最重要的是，
> 保持正面積極的心情
> 迎接各種挑戰！
> "

在飛機上機長們也會告知乘客日出時間，組員們應該最愛齋戒月了，因為送餐很快（笑）。

正常來說，回教徒一天要禮拜五次，所以在購物中心都有男女分開的 Prayer room（祈禱室）供使用喔！

還記得剛到杜拜時，有一次清晨五六點聽到禮拜聲還整個嚇到，因為我家在清真寺附近，這是我特別的 morning call。

杜拜的夏天氣溫會衝到超過攝氏 40 多度，那種乾熱是很強烈的，化完妝走出宿舍大門後就會開始飆汗了。

沙漠氣候不是蓋的，溫差可以很大，冬天的杜拜大概攝氏 20 多度，是一年當中最舒服的季節。

比較麻煩的是，偶爾會有沙塵暴襲擊，頓時整個城市被塵土籠罩，路都看不清楚。我見過一次，就真的像阿湯哥的《不可能任務 4：鬼影行動》的那一幕一樣嚇人！阿湯哥在杜拜拍《不可能任務 4》的時候，我人就在杜拜，覺得不可思議啊！全部的人都知道國際巨星阿湯哥來了，呵呵！

在這個看似奢華至極的地方，貧富差距之大讓人無法想像。

很多東西都是用錢堆出來的，大家看到的通常是美好的那一面，事實上有很多人的生活並不輕鬆。

實現夢想是多少人夢寐以求的事，當然也必須做出很多犧牲，無法常常看到朋友家人，忍受離家的孤獨，遇到問題都得

自己搞定，這是很多人無法想像的。

　　或許在杜拜觀光幾天你會覺得好玩，但住超過一週可能就悶爆了。在杜拜沒飛的時候，多數時間放假都很宅，連休五天也不大可能回臺灣（那時還沒直飛）；因為第一天和最後一天都在坐飛機，又得擔心上不了飛機，算來也只有三天，當然可以趁休假開票出去玩，不過也得找到玩伴，這也不是太容易辦到的，因為姊妹要同時休假，大家都忙著上班，假很難喬在一起，機會不多啊！所以能和朋友約吃飯逛街，就很開心了！然後繼續當宅宅。

　　有一次網路出現問題，國外的辦事效率總是要拖個幾天，讓我好慌恐，與外界失去聯繫的感覺非常可怕！

　　我每天抱著電腦去咖啡店上網，這才找回安全感。（淚）

　　空服員的工作是很孤獨的，很多時候都是自己一個人，要很習慣與享受和自己相處，不然會做的非常辛苦，尤其又是遠在異鄉生活的空服員，大家都是漢子啊！（拍拍）

　　但我仍然非常鼓勵大家要勇敢跨出那一步，因為親身體驗，才會有精采的人生經驗，有犧牲但也絕對有很多意想不到的收穫。

語言也可以很有畫面感

我之前一起住的好朋友 Julie，是馬來西亞人。

每次她姊和媽媽來香港玩的時候，家裡就像在演星馬電影，對話都很精采，混著華語、英文、廣東話、馬來話和福建話。

他們腔調超級重，在和不熟的人講話時，其實已經收斂很多。

但是和自己很熟的家人朋友對話時，旁邊的人根本聽不懂，就像是放大絕招一樣，全部摻在一起做撒尿牛丸的意思。

我在旁邊觀察都會覺得非常好玩，每次都會很專心聽他們到底在講什麼（我很常黑人問號）。

尤其福建話跟臺語就差不多，他們最常在對話裡加髒話，所以我一聽到很髒的話就大笑。

他們就會說：「Emily ah......你聽懂 meh？」（Emily 啊，你聽懂蛤？／meh 聲音往上揚才道地！）

我就會講說：「Of course lah......can lah......」（當然啦～，

可以啦～）這樣就很 local（地道）啊！超融入。

Julie 也常跟我這樣講。

「When can we fly together ah？ Miss you leh.」（什麼時我們可以一起飛啊？想你啦～）

「Wait ah……let me think think.......」（等等啊，讓我想想……）

Think 要說兩次呦，想想啊，是不是很可愛！

他們很常用的字像 diam diam，像是臺語的「恬恬」（就是安靜），舉個例子來說：「I talk you diam.」（我在說話你「恬恬」）」

另外一個，Liao 指的是沒了的意思，他們常講「去 liao liao……」（臺語：去了了）、「死 liao......」（臺語：死了了）應該大家都懂了。

> 跟不同國家的人住是一件很有趣的事，可以學習新語言，又可以體驗文化差異。

在日常對話很常用，還有很多語助詞，會在不同的時候用，像是：tim、meh、lah、leh、loh......，情境不同用的語助詞就不同。

教大家一個很常用的馬來字，應該是我自己愛用（咦？）。

這個字就是「kaput」。

指的是壞掉完蛋了的意思，就像在飛機上如果遇到很難搞的客人，就可以講「kaput」。

最好笑的是這個字，「Kanasai」（用臺語唸出來……你一定秒懂！）沒想到這個字，竟然可以用拚出來耶。

我的朋友跟我說，新加坡人和馬來西亞人都很愛用，形容人「甘那屎」，哈哈哈（笑到併軌）。

空服員是怎麼判斷
要跟乘客說哪一種語言？

空服員是怎麼判斷要跟乘客講哪一種語言呢？

我判斷的方法，大多數會先用英文對所有乘客溝通，這樣比較不會混亂。

除非我非常確定這個乘客講國語、廣東話，我才會直接問他。

通常做完第一次服務後，就大概知道自己負責的區域，客人多數講什麼語言，這樣服務起來就會更快、更有效率。

有時候我在問餐，也會特意再講大聲一點，因為要讓後面接下來會被服務到的客人，聽到我說什麼，這樣他們已經先聽到有什麼選項，待會兒服務更快。

像有一位朋友的經驗也滿好笑的，他碰到的狀況是這樣：「我有一次搭乘大韓航空，大概是我臉大眼睛小吧，韓航空姐衝著我一直講韓語，即使我回英語，她還是一直講韓語。反而

我旁邊的韓國大叔，明明就韓味濃厚，空姐卻一直對他講英文……（真的很斜線）」

我猜啦，我朋友可能真的長得很有韓國人 feel，空服員才會一直誤會你是硬要講英文的韓國人。不過一般來說，我們都是聽到客人講什麼語言就會順著講。

我之前在服務的時候，也曾經碰過臺灣人發生這樣的事，我直接要跟那位女乘客講國語，但她偏偏一直回答我英文ABCD。

我心裡想說：「好啊，那我就來跟她講英文！」講著講著，但是到後來她聽不太懂我的意思。

> **可以自然快速的切換語言頻道，是空服員必備的技能。**

OK……她就默默的自動換回國語，這種的客人也是很寶。

不過也有另外一種情形是客人是「日本人」，他們多半也會用日文回我們，這時候我就會用簡單的日文或單字去試著講，畢竟機上服務用語我們常講，雖然沒辦法講一句文法完整的標準日文，但是能夠達到溝通目的最重要。而且有時真的可以注意到，當我一講出關鍵日文單字時，有些日本客人出現如釋重負的表情，那是一種安心的感

覺，像是在表達：「太好了！你知道我要說什麼！」

　　當然啦，當他們發現你懂一點點時，一定會劈里啪啦的說。

　　不過這個狀況也是很好玩啊！順便可以練一下聽力，如果真的遇到棘手的狀況，我再去請日本組員出馬即可。

　　像我們去日本旅遊時，不也是這樣嗎？除非是日文很溜的人，很多人在買東西或點餐時，都會盡量試著用簡單日文去跟他們溝通。有時候他們講很長，但我們聽到關鍵字，也是可以搞定啊！對吧！這就是一種旅遊的樂趣啊！

越級客訴！是什麼情況？

有一個怒氣沖天的客人按了服務鈴，劈頭就說要找座艙長！

當時還是菜鳥空服員的馬龍，問他發生什麼事。

那位客人滿臉怒氣不肯講，只說了一句：「I want to talk to your manager now ！」（我要找你的主管，立刻！）

找座艙長當然可以，但身為專業的空服員，還是得搞清楚到底發生什麼事，這樣才知道怎麼應對。而且還得先跟管經濟艙的 Cabin Supervisor（客艙主管）先講一聲。

客人聽到要跟客艙主管講之後，就更生氣了！因為客人就是要向座艙長客訴這位客艙主管！

這下事情大條了！

按照公司規定要先了解事情嚴重性，再判斷怎麼處理，總不可能連那種雞肉吃不到的那種小事，都要拿去煩座艙長啊！（想到這裡，汗都要滴下來 XD）

禮貌的詢問已經氣到頭上要冒煙的乘客，到底發生什麼事。

「你們的客艙主管超級沒有禮貌！我當時在上廁所，他敲門說安全帶燈號亮起，要請我回座位坐好，但居然直接從廁所外面解鎖打開門，完全沒顧及我的個人隱私！」客人氣噗噗說：「我氣炸了，告訴我那位客艙主管的名字，我一定要跟座艙長客訴他！」

原來是不久前，因為飛機遇到亂流，安全帶燈號亮起，客艙主管和空服員們在巡視客艙，要請旅客回座位上坐好繫好安全帶。

正常的狀況是廁所如果有人，為了安全起見，空服員們要敲門提醒客人回座，客艙主管有敲門，但因為當時客人正在上廁所，可能還來不及反應，結果客艙主管就這樣，直接從外面解鎖開門！連對客人說一聲「excuse me」（對不起）也沒有。

實在是太無禮，完全無視客人的隱私……難怪客人氣瘋了！

經濟艙的組員們本來就不爽那位客艙主管，因為根本沒在做事很懶惰，況且那次的航班是多段航程，大家已經很想舉報他，現在又有乘客的客訴，那「將將好」，趕快告訴客人客艙主管的名字。

座艙長知道這件事後，叫了馬龍去頭等艙廚房詢問整個事情的發生經過，這時候客艙主管突然出現在頭等艙，怒氣沖沖凝視著馬龍說：「你怎麼在這裡？是誰叫你來的？你為什麼沒有跟我講你要來前面？」

直接當著座艙長的面前，眼神超殺的質問馬龍。

當下馬龍心裡超委屈，是因為座艙長叫他去的啊。雖然馬龍沒有目擊整個事件，但客人已經完全轉述給他，所以座艙長才叫他上來詢問事件的過程，也順道叫了當事者客艙主管上來，想聽聽看當事人說法，對照兩邊的話寫在報告裡，要回報給公司。

事後這位客艙主管竟然跟馬龍嗆聲：「我知道你有 report（舉報）我，你敢寫我怎樣，我也會寫你！」

靠！馬龍心裡超級不爽耶！他沒做錯什麼事，只不過實話實說而已。

做錯事的明明是客艙主管，還「見笑轉生氣」（臺語），有情緒控管問題、又不擅長領導的人，根本就不適任管理職啊，只會製造更多問題和衝突吧，被客人客訴根本活該！

> " 好人自遇好人救，
> 惡人自有惡人磨。 "

果然，後來這位主管收到公司警告信……大快人心！

有時候在職場上難免會碰到一些討厭的直屬上司，不外乎是情緒管理差、溝通技巧有問題、倚老賣老、用職權欺壓屬下，或是很像臺語常說的一句俚語：「生

雞蛋的沒有，放雞屎的一大堆！」

　　有時不禁會想，這些人到底怎麼當上主管的啊！不過也不必太過憂心或生氣，有句話不是這麼說的嗎？「惡人自有惡人磨」。

待命班就像玩大富翁，
是「命運」還是「機會」

　　空服員人生漂泊不定，每個月都是按表操課，跟著班表飛，但也有一種情況叫「待命」（standby）。

　　空服員的待命班，我們都稱之為 standby。

　　很多人會覺得很好奇，待命的時候我們到底是在幹嘛呢？

　　對空服員來說，就是很像是大富翁裡面的「機會」和「命運」。因為有很多的未知數，不知道會飛去哪裡？所以感覺上相當的刺激啊！

　　待命通常分一週到兩週的班型，如果我們班表出現 standby 的時間、沒有任何的航班，就會稱作「待命班」。

　　每家航空公司的代號不一樣，可是幾乎都有這種班表。

　　以前我在阿聯酋航空公司，會有一整個月都是在待命，那他們就是稱為 reserve（儲備），一年會有一次的機會輪到。

可是在國泰一年的 standby，通常就是會被排到至少三、四次左右，也會有一週或兩週的待命。

但其實對大部分的組員來說，是不喜歡待命，而且很討厭。因為除了不知道要飛哪裡之外，你的時間都要耗在等待上。

我都是住在飯店裡 check in & check out，但因為公司補助的房屋津貼有限額，也不能要住幾晚就幾晚，每個月都有一定的額度。

遇到待命時我的人生就會變得很無助，因為在不知道會不會被抓的情形下，就大多是在機場裡的貴賓室窩著，而且重點是一定要拉著大小黑（行李箱），由於不知道會被抓飛哪裡，為期兩週的待命，在臺灣打包時就裝了一堆衣物，有長袖有短袖、制服、糧食、盥洗用品、鞋子、生活用品等等。

在國泰的待命班，都是在家等電話的。

如果是在家裡待命，可以睡覺，做自己想做的事，但電話要保持暢通，就可以；只要有同事請假，就很有可能會打電話就待命的組員去飛。

有些航空公司就會分 Home standby（在家待命） 跟 Airport standby（機場待命）。

如果是在機場或者是公司待命的話，就是空服員必須要把所有要用到的東西都要帶著身邊。像是：行李箱、包包等等，那當然也要穿好制服，化好妝和包頭。

我記得以前在阿聯酋飛的時候，我第一次在公司待命，現場有很多組員一起在待命室等著被抓。

突然間，外面的人叫到我的名字，然後我就很緊張走上去。

他就跟我說：「你被抓飛 L.A. 洛杉磯。」

我說：「哇！好棒哦！」

我話都還沒有聽完，心想說終於可以結束待命。

他接著把話說完：「你被抓啦，重點你是當乘客去呦！」（眨眼）

然後我就超級驚訝，人生被抓待命班的初體驗，就那麼幸運是當乘客然後飛長班，而且還第一次要搭乘阿聯酋的商務艙。

我整個在輕飄飄的輕飄飄的雲端中，現場很多人以羨慕的眼神目送我。

那是我第一次使用我們豪華的機上娛樂系統，然後那次旅行，很特別的是坐在我旁邊是一個帥哥（重點是這個）。

當然囉，如果組員要當乘客，一上飛機就要把制服換掉，換成穿便服。

但也有可能客人坐在你旁邊，心裡想說：「這個妝髮怎麼那麼像是空服員，然後口紅還那麼紅！」哈哈！

就算旁邊的人一看就可以看出來我們是空服員，可是我們還是得要把制服換掉。

在國泰印象最深刻的是一次待命是，早上六點開始。

因為我自己是住東涌、離公司非常近，我想說：「好我就睡到自然醒，等公司電話打來！」

就在早上八點四十分的時候，電話響超大聲：「鈴！鈴！鈴！」

然後，我就驚醒，衝出去接電話，電話那端就跟我講說：「你是 Emily 嗎？這裡是 Crew Control……」

心裡頓時七上八下，想說要被抓哪裡？

電話那頭跟我說：「等一下有一班飛倫敦的班機，少一個組員，雖然已經找了一個組員來補，但是因為他住在香港島，現在正在半路上。不過他覺得他有可能來不及，公司想要找一個更快到公司的人……」

住在東涌的組員離公司最近了，就是當然是最先被找的，可是因為飛機 09:40 要起飛，我看一下手機已經是 08:40 了

一個小時之後就要起飛！！

接著他問我：「Can you make it？」（你來得及趕到嗎？）

然後我心裡想說：「夭壽，我才剛起來，衝來接電話。沒有刷牙也還沒洗臉，更別說沒有化妝，打包行李。」

再怎麼快，只剩下一個小時不到耶，而且那個時候是冬天，如果要去倫敦，還要打包大衣什麼的。

飛機 09:40 起飛，再怎麼快到，我都至少要可能接近快 09:30 才會到，也就是我會跟客人一起上飛機，搞不好比客人還要慢。

我當時只考慮三秒鐘，我就說：「I can't. Sorry.」（我無法，抱歉！）我來不及。

聽到這裡很多人會覺得傻眼，「啥？居然可以說不行嗎？可以拒絕嗎？」

其實公司有規定，如果你是待命接到電話，你在 120 分鐘內報到就可以了。

像是這種緊急狀況，通常也會詢問組員自己情況能不能配合。

重點是，這次是臨時救急啊！我覺得我真的是來不及。

結果後來我室友睡醒之後，問我說：「欸電話響，發生什麼事？」

我就跟她說，我被抓倫敦，可是我拒絕了。

她說：「你怎麼不衝衝看，一邊在路上，一邊化妝這樣子。」這樣一個禮拜的待命，飛一個倫敦班就會結束了。

我們一個禮拜待命班是五天，再加上回來休假後面又三天。倫敦的班型總共是八天，所以如果去的話，就會整個把我的一個禮拜的待命，全部都 KO 掉了。

　　話是這樣說沒錯啦，可是我就不想這麼匆忙，所以拒絕了之後，又放心的繼續去睡覺。

　　這是我印象很深刻的一次待命，雖然沒去成倫敦，但後來去了澳洲。

　　待命的不確定性讓我想到，我們總是習慣計畫未來，

> " 擁抱那些可愛和不可愛的變動，
> 因為這些變化，
> 都會給人生帶來截然不同的風景！"

也希望所有的事情都可以按照自己的意願順利發展。

　　然而人生的精采就是因為充滿不可預期，充滿驚喜的意外，或許措手不及，或許也讓人崩潰、慌亂，不管有沒有做好準備，但要抱持著隨遇而安的心情。

一個眼神就能創造服務的靈魂

　　在某個菲律賓航班，我們在簡報室坐著，等待座艙經理（Inflight Service Manager，簡稱 ISM）簡報時間到，進來主持飛行前的簡報，過沒多久，笑臉盈盈的她來了。

　　我們其他人正低頭用手機，她沒直接走進來，一直站在門口看著我們大家，有點奇怪，因為一般來說都會直接走進來坐下。

　　因為覺得奇怪，大家一起抬頭回看著笑臉盈盈的她……

　　特別的是，她不像一般的座艙長一開頭就告訴每一位組員，她對這趟班機的要求和期待，她只是先叫我們按照工作位置，分小組坐在一起。

　　接下來她說：「你們這趟航班要一起工作，你們各組每一位組員都用眼神看著對方，不要說任何一句話。」

　　這讓大家覺得很妙又有趣，老實說互看大概兩三次就會開始尷尬，不過身為空服員，一直保持營業用笑容倒是我們的強項哈哈。

　　兩分鐘之後，ISM 說：「現在每一位告訴我，你從同組的

組員眼神中讀到什麼訊息呢？」

　　輪到我時，我說我感受到友善，從組員笑笑的眼神中，也看到會一起努力分工合作的訊息。其他的組員也分別都表達各自看法。

　　座艙經理說：「大家應該都從剛剛的小活動當中體會到，就是只是短短時間的 eye contact（眼神接觸），也能告訴對方很多訊息。」

　　「我們要飛的航班是馬尼拉，從香港飛過去不到兩小時，比飛臺北多 20 分鐘左右而已，我們的餐點服務再簡單不過，也沒有太多時間可以跟客人互動。」接著她眼睛掃視大家繼續說：「我們能做的不只是低頭，把餐點快速的放在客人的餐桌上，如果我們能夠花一點時間跟客人做 eye contact，客人一定可以感受到我們想說的話，雖然是一個眼神，一個笑容，但卻也是一種服務啊，這就是讓客人下一次會再搭乘我們家的原因啊！」

　　一番話說完，看到同事們都有所感觸的表示認同。

　　雖然大部分的人都知道眼神接觸的魔力有多大，不過在飛機上工作的我們都很任務導向，加上有時間壓力，一心一意只想快點把工作完成，卻忽略了要多和客人眼神接觸，就算只能和客人說今天吃什麼和簡單問候，真誠和親切的眼神卻能帶給客人更難忘的感受。

　　客人或許不會記得吃了什麼，但卻會記得某個航班上空服

員的服務。

空服員的貼心、友善和熱情，從眼神、態度和言語都可以展現出來，好的服務不只有聽覺，最重要的還是感覺。

> "
> 專業讓你稱職，熱情讓你傑出！
> We care, we make a difference.
> （我們在乎，所以我們專業！）
> "

這一次飛行前簡報，讓我更能深刻體會這兩句話。

抉擇：
為何從阿聯酋跑到國泰？

人生就是一直不斷在選擇，從求學開始到出社會工作，一直要面臨抉擇。不是每一次都很難選，但總會遇到很掙扎很苦惱的時候。

有很多人很好奇：「為什麼我會從阿聯酋跑到國泰？」

這是我在飛機上最常被問的一個問題，我也常收到粉絲在面臨人生重要抉擇的時候尋求我的意見，同事也很喜歡問我。

提供我個人的經驗分享給大家，要如何做對自己最有利的選擇！

阿聯酋和國泰兩家都是很好的航空公司，但在大家心中已經默默覺得阿聯酋似乎比國泰來的好一些，所以才會問這個問題吧！

當時我在選擇的時候掌握的其中一個原則就是，我到底想要和追求的東西是什麼？

自己想要的是什麼，最重要。

從航線、生活便利性、福利、薪水、文化、升遷……等等方向去思考是最直接的指標。

憑良心說，阿聯酋是相對薪水高一些，水電費、交通費、房屋津貼，公司都會全部搞定，而且還免稅，老實說應該可以存比較多錢，存多少當然就因人而異，哈哈！

以飛的航點來說，國泰當然是輸慘了（笑）。

那升遷呢？阿聯酋還是快過國泰很多……

看到這裡，你們的 OS 應該出現了——那為什麼要走啊？

重點來了！

因為兩者的文化和生活，差很大啊！

一個基地在杜拜，一個在香港，如果以長住為前提，差別就真的很大！

在香港，除了有熟悉的人和飲食文化，生活便利性也很高，離臺灣很近，不需要很久才能回一次家（當時還沒直飛臺北），可以常常和朋友家人見面！

杜拜，觀光一定很好玩，因為只會短暫停留幾日，但長住在沙漠就是一大考驗，加上認識的人多半都不住在附近，除了

上班以外，在杜拜很多時間都只是待在房間裡對著電腦——生活過久了，很孤單、很鬱悶……

我問我自己，我在意的是什麼？

我不是不喜歡多賺一點錢，而是我認為快樂更重要！

我的經驗是不需要想得太複雜，雜訊太多容易失焦，只需要專注在自己最想擁有的。

但切記，魚與熊掌本就不可兼得，一定要有所取捨。

工作和職涯很不一樣

參加阿聯酋招考，考官在公司簡介時說過一句話，讓我印象非常深刻——這不只是一份工作，是一份職業。

職業和工作最大的差別，就是在於職業包含整個人生的規畫和理想，可以長期耕耘，往自己的目標和夢想前進。

> 學著做「對自己有利」的選擇，
> 想過什麼樣的人生，
> 未來是否可以按照你的規畫和藍圖前進，
> 就可以盡可能掌握在自己手中。

所以選擇的時候，端看你是如何看待，當然公司的福利和前景很重要，必須列入考慮。

很多人的疑問是，空姐可以飛一輩子嗎？怎麼好像在機上看到的都是年輕人？

當然是可以飛一輩子的。在國泰多的是飛 20 年以上的阿哥、阿姊們，會隨著年資和工作表現晉升管理職，直到退休。

對空服員來說，若是不想飛了，在公司內部也有開放其他職缺可以申請，所以有這種機會就很加分。

人生規畫當然也包括結婚生子，不管在國泰還是阿聯酋，有不少同事都是因基於家庭考量，選擇離職回到臺灣，或是隨著另一半定居其他地方。

若是當成工作，大可以做一段時間就轉換跑道，但若想當成職業終身經營的話，就需要好好的想一想。

我選擇到國泰飛行因為可以做更多想做的事，多出許多空間和時間可以做職涯規畫。

選擇是為了未來有能力做更好的選擇

讀了一本書《大人學選擇：成熟大人的獨立思考術》，裡面有談到在選擇的時候，一定要考慮到，這個決定能否將人生

後續發展「最大化」，這可以幫助自己做抉擇。

就像是我五專應屆畢業時，曾經考上長榮航空，當時的我就面臨要就業還是繼續升學的選擇。

說實話很掙扎！因為考上並沒有很容易，而且還是自己夢寐以求的工作，但是另一方面大學學歷是多麼普遍的事，我也很想拿到大學文憑。

後來我選擇繼續升學，再讀兩年二技，我的想法是，多讀兩年書，要利用這兩年提升自己，加強語言能力和其他專業能力，兩年後我一定可以比五專畢業的自己，更有競爭力和能力，到時我要加入最喜歡的外商航空公司！

選擇是為了未來有能力做更好的選擇，後來我也真的達到設定的目標，加入阿聯酋航空公司。

> **選擇不是為了別人，是為了自己，別人的人生和建議都是參考，你想要什麼才是最重要的！**

我自己在面臨重大決定時都會這麼思考，想想這個決定是否會讓你在未來有能力做更好的選擇，答案就會慢慢變清晰。

空姐八卦話題
讓我驚覺自己的匱乏

現在大家看我，應該會覺得我是一個很愛讀書的人吧！

但我以前曾經是個超不喜歡閱讀耶。因為第一考試也不會考，第二看了很想睡哈哈哈。

正確來說，我只讀學科，也不像其他學生那麼愛看故事書或課外讀物。我唯一迷的是言情小說，我最愛的作者是芃羽（哈哈，乘機推坑），什麼霸道總裁系列、五行麒麟系列，每一本都吃進去了喔！（哼）

在學生時期，我根本不愛買書、看書的，覺得好像沒看也沒關係。而且身邊的朋友似乎也沒閱讀習慣，物以類聚，哈哈哈！（還想要怪朋友？！）

直到大學畢業後開始工作，因為我的語言能力不差，所以找工作不會太難，其次，我畢業的那個年代，文藻外語畢業的學生都有天主神聖的光輝照著，讓我們連走路都自帶光芒，空

氣裡都聞得到書卷氣，呵呵！

　　我第一份工作，是在機場的免稅商店當客服人員。

　　老實說這份工作有服務熱忱和語文應該就罩得住，所以我也沒有太多機會體會知識的必要性。而且身邊一直都有人會說：「Emily 你的語文好好喔～真羨慕！」

　　讓我有點自滿，覺得自己會的東西也滿多的了啊！（其實就只會英文和西班牙文）而且我的夢想就是要考進五星級航空公司啊！心想這樣夠了啦！（唉，把航空公司當成什麼？）

　　接下來進入到阿聯酋飛行的時候，組員們在飛機上聊天大概會繞在以下幾種話題：

　　1. 到當地去哪裡玩？有什麼計畫？

　　2. 哪一個座艙長很 bitchy（脾氣壞）？

　　3. 機長跟組員的八卦情事。

　　4. 乘客有多討厭！

　　5. 哪個國家的男人很性感？女人超正……等

　　一剛開始都還覺得很新鮮，但後來發現每一個航班都在聊這個耶！明明每一次飛的組員都不一樣啊，話題居然都是複製貼上？

　　就這樣飛了半年，直到有一次和朋友講電話聊天，朋友突

然問我：「你是不是飛機餐吃太多了，吃了那麼多鋁箔太傷腦～反應變得很慢耶！和我認識以前的你，反應差很多耶！」

我才驚覺！自己表達能力好像退步了！不能只牽拖飛機餐，是因為自己停止成長了，覺得自己腦子好像很空，跟朋友聊天有使不上力的感覺……

瞬間我恐慌了起來！

這種害怕感覺，就像韓劇《屍戰朝鮮》的殭屍們正在後面追著要咬你，你要死命往前跑，但自己又跑不快……

> "
> 未來的我們，
> 都是現在的層層累積！
> "

從那時候開始，我就下定決心要好好治療我的大腦，要 reset（重置）讓它再活起來。

從 2009 年開始，因為長期都在國外，培養看書習慣對我當下來說，是最有效學習的方式，因為書可以帶著走，不受時間、空間限制。

跳過太困難太深奧的書，從自己有興趣的主題開始，像大眾心理學就是很好的入門書。利用放假的時間看，就算只有幾頁也很好，我也因為又重新開始接觸新知識的關係，而開始重

啟思考。

從一週閱讀一天，慢慢增加頻率和頁數，到後來要打包行李箱如果沒裝到書都覺得很空虛，也會覺得自己面目可憎！（最好是啦！）其實有時也沒讀，但帶著安心啊！（哈哈哈！）

我印象很深刻，有一次在外站飯店吃早餐的時候，同事吃飽，走過來我這桌要打招呼，看到我在看《經理人》月刊，看了我一眼，還問我說：「為什麼要看這個？又不會用到！」

我笑了笑說：「就學點新的東西啊！」

其實我跟龍五一樣，看半天還是在看同一頁，因為看不懂啊！哈哈哈！（喂）

沒想到漸漸的養成閱讀習慣，居然就開始我的寫作人生了。

從七年前開始寫部落格，累積到現在超過 300 篇文章，還一直收到出版社邀約寫書的推薦文、當推薦人，甚至還將要出版自己的書耶！

這是我想都沒想過的事情，原本一點都不愛閱讀的人，會變成一個喜歡閱讀、愛寫作的人。

想要克服某些障礙和困難，就要找到適合自己節奏和方法，一步一步就能夠慢慢做到，而且沒有你想像中困難！

一旦克服了就是成功打怪，再升一級啊！

當寫作變成喜歡做的事以後，無形中幫自己的人生多練出一把倚天劍，再加上自己原本的語言屠龍刀，就可以去大都找趙敏郡主算帳了！哈哈！（金庸中毒到底多深？）

大家可以想一想，以前不擅長的，你現在已經克服的事有哪些呢？

其實長期處於同樣的工作環境，都會發生這樣的事。因為做的事都一樣，能學習的有限，不只是空服員，各行各樣都是如此，時間久了會麻痺，會慢慢沒有感覺，如果想要學新東西，沒別的，就是要現在開始。

我從 2013 年開始，會去上一些課程，社群經營、文案寫作、教學課程、簡報、演講……等，都是利用每一次回臺灣的休假時間。

以我自己為例子，我寫文章、拍外站影片，都是下班後。飛到國外到飯店，第一件事其實不是卸妝休息，因為要跟著臺灣時間發文，所以得先趕快把文章打完。但身體也真的很累很睏，有時打到一半睡著，手機拿在手上差點掉下去，整個驚醒。

" 舒服久了突然有大轉變，一定會痛苦。 "

要有突破和成長，就要犧牲自己休息時間，安排學習計畫。

如果要讓成功機率更高，有一個不錯的方法。

那就是把學習清單列出來，把這張清單放在每天會看到的地方。

有寫和沒寫差很多，寫好貼出來後，你會一直看到那張清單，也會不時的提醒自己，相對的，付諸行動的機率和動力也會比較高喔！

碰到束手無策的時候，
該怎麼辦？

　　因為新冠肺炎疫情在全世界延燒，對航空業造成前所未有的大衝擊。

　　國泰航空公司大量砍班，停飛一些航線。加上無薪假的出現，我收到好多粉絲訊息詢問，想在這段時間加入航空業是否很困難？也有人好不容易等到終於可以報名了，但面臨這個狀況覺得難過和灰心。

　　航空公司停止招考，連一些之前考上星宇航空和華航的候選人，也都暫緩報到受訓，他們的空服生職涯也必須視公司後續的決定，才能下定論。

　　記得上一次航空業面臨挑戰是 2009 全球金融風暴，現在的情況就像當時一樣嚴重。而我就是在那年考上阿聯酋航空。

　　當收到錄取通知書時開心的飛上天，但接著收到的通知又把人推下地獄，信裡寫著，受到全球金融危機的影響，目前無

法安排報到，預計要等 6 ～ 9 個月才會有近一步消息。

「要等 6 ～ 9 個月嗎？那真的會聯絡嗎？還有好久耶……會不會再有什麼突發狀況啊？」登愣～我心裡的 OS 排山倒海而來，也陷入無比的鬱悶情緒當中。

我想應該沒有人比我更能體會大家的心情了，因為好不容易考上，卻因 不可抗力因素而充滿變數。

在等待阿聯酋通知報到的半年，我也曾經很擔心會不會就這樣沒了，如果有考過阿聯酋航空的人都知道，真的很難考耶！在千人中搶到的個位數名額，怎麼樣都不能消失啊！（握拳）

我這個人其實算樂觀吧，盡量保持很正面的思考，記得當時我好像剛離職原本的工作，因為也不知道什麼時候會有消息，但現實（錢啊）總是要顧的。

我開始兼職西班牙和英文家教，時間彈性又有收入，平常可以讓自己忙一點，同時也可以轉移自己的注意力，用充實的生活讓自己保持最佳狀態。

> 不管在什麼樣艱難的時刻，
> 都要想想自己當初為什麼開啟這條路，
> 又是為什麼不顧一切想要達成目標。
> 這樣就會再次充滿力量，
> 繼續往前走！

幸運的是，半年後阿聯酋公司主動聯絡了！

但你以為這樣就能去報到了嗎？

不！事情沒有這麼簡單！

時間過了半年，很多事都有可能發生，身材走鐘、皮膚大爆走，內分泌失調等等，所以公司決定要「再一次」面試我們這些錄取者！確認我們的狀態是 OK 的。

哈哈，好事總是多磨，聽到要面試又開始緊張胃痛惹～到底有多難加入啊（尖叫）！

> " 變動和意外是人生的常態，
> 面對任何狀況可以有備案計畫，
> 這樣自己就不會驚慌失措。"

順利面試完後，終於在 2009 年底，公司陸續安排我們報到，才真正開啟我的航空人生。

例如我們在旅遊時，先選定好一家最想去的餐廳，但也同時挑好第二喜歡的餐廳，因為萬一第一家沒開或是臨時休息，也不會手忙腳亂又得重新找。

當然生活小事很容易解決，但如果是工作相關的事就很麻煩。因為沒有預警面對突然其來的變動，不管是被資遣、無薪

假或是減薪等會影響生活的事，就會讓人緊張和驚慌。

這就是為什麼要培養第二專長和興趣，是一種分散風險的作為。

「如果這個工作有狀況，那我還可以做什麼呢？」

「我有什麼其他的選擇？」

這是大家應該思考的。

不管在等待航空公司招募機會的人，或者是工作和收入因為碰到類似狀況而受影響的人，都要保持堅強的信念，善用這段空窗期，好好規畫自己的生活。最重要的是，讓自己隨時準備好，保持最佳狀態與良好的競爭力，這樣，一旦機會來臨時，就能好好把握住。

很喜歡的一句話：「人生最精采的不是完成夢想，而是堅持走在夢想的道路上。」

還記得客人跟你說過
最溫暖的話，是什麼？

在一次香港飛高雄的班機上，那次是無預警被抓飛高雄。

載到一群去員工旅遊的屏東阿公和阿婆，開心的準備要回家。

聽到我熱情的跟他們講臺語，他們覺得非常的驚訝，竟然空姐也會講那麼流利的臺語。

臉上也都掩蓋不住笑瞇瞇的表情。

我跟他們說：「我的外公外婆也都是屏東人，我常常都會去恆春喔！」

就這樣我們有了連結。

也是因為剛好他們都坐在我服務的區域，降低了他們心中的不安。

南部人總是有一種熱情和純樸，無法被複製的親切感。

有一位阿公的手不曉得被什麼割傷在流血，旁邊同行的乘客他們正不知道該怎麼處理，也不好意思麻煩空服員。

剛好我走過去看到，我跟阿公說：「你等我，我來幫你擦藥。」

我跑進廚房拿 OK 繃，蹲下來仔細的幫阿公擦藥貼 OK 繃。

阿公很感動，笑笑的拍拍我說：「我的孫女都沒有這樣幫我擦過藥，以後我一定要跟大家說要搭國泰航空！」

「妳以後來屏東，記得來找我們玩喔！」

立刻遞給我一張名片……

服務業最大的成就感來自於客人，但客人也是我們最大的挑戰～因為會有不可能的任務出現哈哈。

> 懂得調適心情、轉換心態，
> 才能創造更多熱情
> 去做自己喜歡做的事，
> 享受它帶來的成就感！

每次送客人下飛機時，當客人跟我說：「真的很謝謝你，這趟旅程很舒適開心。」

不管再怎麼累，我都會揚起最燦爛的笑容，回應說：「真的很感謝您，也希望我們很快可以再見面。」

雖然工作都是一直在做重複的事，但發自內心的服務，客人都可以感受到，每一句真心的感謝都可以讓我們開心很久。

　　如果覺得累的時候、職業倦怠的時候，想想這句話：「你的第 100 次，或許是別人的第一次。」再想想客人跟你說過讚美的話，應該會再重新獲得力量前進吧！

細節的魅力

　　待命的最後一天，是早上五點開始，我仗著住東涌，離機場很近，完全放心的睡死，想說睡到公司派遣電話打來再衝。

　　沒想到我作夢竟然夢到待命被抓飛，還來趕不及上班簽到（到底壓力有多大）！

　　正當我驚醒的時候，下一秒就聽到電話很大聲的響起，我整個從床上彈起來衝到客廳接。

　　「Hello, this is crew control. May I speak to Emily？（哈囉，這裡是組員調度中心，麻煩找 Emily。）」

　　「Good morning. Emily Speaking.（早安，我是。）」我心跳得好快，就像等待宣判的瞬間。

　　派遣人員說：「You are flying to ICN.......（你飛 ICN......）」

　　喔不～被抓首爾（ICN）來回班了！

　　果然是不會放過我啊！

還驚魂未定中，轉頭看一下放在床頭的手錶，才凌晨05:06耶！簡報時間是八點，起飛時間九點半，公司又省了計程車費，因為起飛時間三小時前打電話通知，計程車費就不能報公帳了（悶）。

　　首爾來回班其實算是滿累的，一般大家也都不愛，尤其來回各三小時飛時，早上大家五點六點起床，要到晚上七八點才能回家。

　　我一踏進簡報室，就發現大家的臉「懊嘟嘟」（臺語），好幾個空服員跟我一樣都是待命被抓飛的，很明顯的遇到這種班，原本被排到上班的大家，都很容易生病請假喔，呵呵！

　　這趟我要服務商務艙，原本很開心兩程都沒滿，但因為是要做一整套的服務，從餐前飲料→前菜→主菜→蛋糕和水果→冰淇淋／咖啡，都要服務。

　　一整套下來到首爾就腿痠了，雖然是波音 777-300 客機，商務艙有兩個空服員一起做，但還是不停走來走去……

　　經濟艙服務做完後好幾個組員都還上來幫忙，真是太感動了！團隊合作偉大的地方就在這裡啊，要給他們很多讚！

　　回程結束後一整個「歪腰」，但很開心的是資深副事務長（Senior Purser）給了我很棒的回饋，她說我做得很棒，又聰明，服裝儀容也很好，要我繼續保持。

　　她說：「Small things make a big difference（細節大不

同）。　就像客人說要喝咖啡加牛奶，如果能夠在客人面前加給他看，要加多少牛奶由客人自己決定，就會讓客人覺得很貼心。」

事實上真的是這樣沒錯，有人喜歡只加兩三滴，有人要加很多，每個人喜好差別很多。身為服務人員，其實常會在不自覺預設立場，覺得：「這樣做應該就可以……客人應該會喜歡吧……」等等的猜測，其實只要表現出一點不同的小細節，就會讓人印象深刻。

當天有一個 Marco Polo Card（國泰航空馬可孛羅會員卡）鑽石卡客人，長得很帥，又很酷，都沒什麼笑容。

老總聊起這個客人，才發現大家都注意到他的帥氣。她很得意跟大家炫耀說，剛剛帥哥對她笑喔！

> "
> Details make you shine.
> （細節彰顯你的不凡！）
> "

這麼一說我就被刺激，燃起鬥志說：「 must try later 我等下也要飛奔試一試。」

當我在服務這位帥哥時，老總突然出現，小聲在我旁邊開玩笑的說：「他是我的喔！不要搶！」

真快要笑死，果然不管幾歲，女人都是只愛帥哥！

至於我有沒有贏得他的笑容？大家覺得呢？（笑）

當天還有一件事，有一位客人生日，我們準備了一盒知名品牌巧克力要送給他，資深副事務長竟然下了一道命令說：「我唱 Happy Birthday to you，接著其他人分兩部唱 to you ！」還很認真的在廚房要我們練習。

這個計畫當場被我阻止，因為我們沒那麼專業，不可能分兩部還合唱，更可能走音，荼毒客人的耳朵！（哈哈）但如果客人看到有機長們和組員們的祝福和簽名的生日卡片，相信一定覺得很感動也很貼心。

這趟首爾來回來，體力上確實吃力，很辛苦，但又讓我學習到服務上貼心和細節的重要性，感覺很充實。像這樣，每趟飛行都可以藉由都有不同的人事物帶給我們有不同體會，這一趟更深刻的感受到，細節的魅力。

送禮物這種事，要站在對方的立場想，
如何做到對方覺得開心又貼心，才是重點。

那些飛航上的人生百態

挨罵了，先別急，
善用手邊現有的資源

　　每次飛長班時，等輪休時都愛聽哥姊們跟客人攻防戰的經驗談，細說碰到的一些很特別甚至是很難忘的經典客人！

　　當然大多數記得的都是奧客～哈哈！因為多年累積的應對進退實戰，才造就他們越來越刀槍不入的功力。

　　在航空業很多年，有一個現象讓我覺得很有趣，客人只要拿到登機證後，本來可能在地面上是很正常的，上了飛機後就會變成另外一個人，會有很多奇特或不合理的要求，原本和藹可親的臉，瞬間變臉，大呼小叫！

　　我相信空勤和地勤朋友，都有很多血淋淋的故事。我們統稱它為「登機證的魔力。」

　　不知道大家有沒有聽過這臺語諺語：「嫌貨人才是買貨人。」會抱怨的客人，才是真正的忠實的消費者。同樣是服務業的朋友，一定很常碰到愛抱怨又一直來的客人吧！

　　跟去餐廳用餐、住飯店的客人,都差不多,或許是因為覺得自己花錢買機票(入住／用餐),就可以提出奇特或者不合理的要求。

　　而且有時候就是這麼恰巧,一件事情還沒處理完,另一件事就又發生……

　　跟大家分享,我碰上的一個真實事件。

　　飛越南來回班總是有很多西裝筆挺的商務旅客,當然也會有很多鑽石卡、金卡的會員客人,那一天輪到我在商務艙服務。

　　開始登機後,我和另外一位同事正忙著引導客人到位置上,也要一邊幫忙客人掛外套,當然也得再三確認客人是否已經將貴重物品都拿起來了。

　　這時有一位同樣也是西裝筆挺的外國客人走進了商務艙,我笑著對他問好後,他面無表情的開始說:「為什麼又突然換飛機,原本不是新的商務艙嗎?」

　　聽到這邊我只能說,嗯,不意外,因為很多商務客人都是常客,搭飛機頻繁的程度根本不輸空服員,對不同機型的商務艙當然瞭若指掌!

　　那天我們因為班機調度,換了另一臺飛機,所以商務艙就不是新型的。客人花了比較多錢,想坐得舒服一點,能理解,是人之常情。

客人一邊準備坐下來一邊開始用英文罵：「這也太爛了吧！每次都是這樣，真的很智障耶！爛航空公司！」一邊罵一邊把他的外套拿給我，叫我幫他掛。

我當然還是掛著笑臉回覆他說好。

幫他掛完外套後，又經過他旁邊時，他拿著USB線質問我：「那我要怎麼充電？」

挑戰二來了，這個機型需要轉接插頭，而客人只有 USB 線，根本無法充電。

當時的我，已經有心理準備，客人要發飆了！

正準備要跟客人解釋時，坐在後面的外國客人出聲了：「我有啊～，我先借你充！」

呼！感謝這位善心人士，我真的鬆了好大一口氣，整個笑開說太好了！

因為我還有很多事要忙，登機時在商務艙有好多事要做啊！（手刀狂奔）

當然挑戰不會這麼簡單就解決，登愣～～結果，竟然充不了電！這就像好不容易爬上山頂，又瞬間被推到谷底。

我又被攔下來，另一名客人又開始罵了：「你們航空公司服務真的很差，為什麼這架機型會不能用 USB 充啦！幫我叫座艙經理來！」

我只好迅速找座艙經理，大致跟她說了過程。

座艙經理雲淡風輕的說：「沒關係，我去拿我的轉接插頭借給他，讓我來跟他講。」座艙經理要我去忙我的，不用再理他。

再一次經過客人的座位時，發現他的手機已經安穩的在充電，當然用的是座艙經理的環球轉接頭。

問題解決了，客人也立刻變得很平靜。

像「挨罵」這種事情，每天都會在服務的工作場所中上演，所以我們並不會意外，也不太會驚慌失措。

「可以解決的問題，終究可以解決，不是我們可以控制的事，我們也無能為力。」

> 在服務的 SOP 中，
> 也是要保持一些彈性，
> 也是考驗服務的人的智慧與反應。

客人之所以會想要抱怨，都是希望他支持的公司能夠變得更好，而持續改進的公司，也會變成顧客繼續支持的動力。

服務業常會面臨的是客人情緒性的話語，我們都必須要知道，也一定要學會，不把這些話當成是對自己說的，這樣上班的情緒或者心情才不會一直受到影響。

事實上客人罵的並不是我們，是因為我們穿著這套制服，代表著公司。

「Don't take it personally.」他不是針對你，別放在心上，才是最重要的！

所以，挨罵了，先別著急。

曾經有一次我在商務艙服務到一位吃素的客人，當時他並沒有訂素食特別餐，而那天恰巧沒有多餘的素食餐，商務艙只有水果可以提供，客人也很體諒的說：「沒關係喔！反正一下子就到了，我吃水果就可以。」

但因為是正餐時間，如果不吃點東西要餓很久，所以我就主動詢問客人，能不能接受方便素，我把主菜的肉拿起來，他可以吃旁邊的配菜和主食，至少可以墊墊肚子。

客人一臉驚喜看著我，因為大概沒想到我會這樣幫他處理，他開心的說：「好啊！當然好，只是就比較麻煩你！」

「能順利解決，就不是問題。」說不定還能給客人意外的驚喜。身為服務人員，我們的專業是盡最大的能力，運用手邊所有能用上的資源，去解決顧客的問題。

原來經濟艙也有分艙等，
該如何謹守服務底線

　　在服務業工作的大家一定都有碰過常客，這些人是忠實顧客或是會員，由於常常光顧的原因，對公司的服務流程或者是規定可能都還滿清楚的。

　　當空服員這麼久，常收到很多詢問關於票價的問題，尤其是什麼時候和如何搶便宜票。

　　不過大家一定很好奇，為什麼同樣是經濟艙，有些人的票價便宜到炸，有些人卻是毫無折扣呢？

　　原來，經濟艙也有分艙等的！

　　我的地勤朋友幾乎每天都會因為座位安排的問題，必須面對客人的咆哮和質疑，也當然會出現一些不合理要求，這時就會為難第一線的服務人員，以下就是真實發生的案例。

　　有一位帶團領隊在拿走刷完的團體登機證後又回來，要求把他個人的位子換前面一點。

我的朋友小Ｐ呢，確認了一下座位，當天班機因為都是團體旅客，當下已無任何空位可換。

該名領隊一聽到沒有位子可換，就皺起眉頭說，聲音逐漸變大，「不可能，今天不可能一個位子都沒有，你們前面一定有偷留空位可以用。」

當時離開始劃位還有 20 分鐘，所以地勤小Ｐ非常有耐心的和他解釋，「團體櫃檯並非 Check in 櫃檯，我們權限有限，如果真的有問題，可以等開櫃後詢問督導或該航代表。」

領隊開始動怒變大聲，看了一下手錶，「現在就剩 20 分鐘，你不會去問一下代表？我從來沒遇過這種事，你們一定有位子！不要和我說那麼多！」

地勤小Ｐ說：「大哥和你老實說，我沒有騙你，前面第一排剩 2 個空位鎖上，是不可以使用的。班機目前全滿，若您真的要換，要等開櫃後和代表確認。」

當下也還有很多其他的領隊，拿著團體護照在等著刷登機證。

這位領隊沒耐心，咆哮起來：「那你不會打電話去問？才差不到 15 分鐘了！，你們櫃檯人那麼多，看起來那麼閒，就打個電話不會？哪有沒位子這種事！」

這時團櫃一片安靜，沒人想回答他，眼看他要拍桌子了，只好請督導出來。

督導確認過狀況之後，跟小 P 說：「這樣我瞭解了，你做得很好，接下來就交給我處理。」

接著他面帶著笑容走向這位領隊，「先生，今天班機是真的客滿，前排位子是留給散客或商務客使用。我也再一次確認過了，您們的票和他們的票價不同，沒理由他們付比較多的錢，要去陪您帶的客人們坐！」這個時候督導的態度變嚴正，並且說：「如果真的有問題，麻煩您開櫃後直接找代表，不要影響我們團櫃的同仁們工作。」

這位領隊只能摸摸鼻子走人，但過程中不斷嘆氣，並發出「嘖」的聲音表達不滿。

為什麼同樣是經濟艙，吃的飛機餐一樣，得到的服務一樣，有的人票價便宜到炸，有的卻是毫無折扣可言呢？

因為，經濟艙也是有分艙等的呀！

便宜的票，會有一定的條件限制。例如：不能改票期、限制只能某些時間使用、不能選位、不能退票、改期額外收費等等。否則那些買貴的人是錢多嗎？

團體票就是相對便宜的經濟艙票，旅客的座位大都會先被安排在班

> **互相尊重、好好溝通、開心出遊，才是重點！**

機的後半段，而且會在同一區域，所以才會有這樣的區分。

你可能會覺得奇怪，那為什麼每個人到櫃檯都可以選位？

其實大部分的時候，只要班機空位許可，地勤人員秉持服務旅客，讓大家都能舒適飛行為出發點，都會盡量讓旅客滿意，但也一定會有不盡人意的時候，可能是你的艙等，票價或是報到時間順位，甚至是班機為了載重平衡等等，造成無法選到理想的座位。

所以請大家不要為了選不到想要的位子而暴走，地勤人員不會故意刁難大家，皆大歡喜誰不想要呢？

別忘了，最後的選位權，還是在幫您服務的地勤人員身上。

你知道全機都在等你嗎？

每天都在機場裡奔走找尋消失的旅客，就是地勤人員的工作。

像我搭飛機都是用員工票，有時候因為班機很滿，需要 standby 到關櫃檯的最後一刻，也就是起飛前 40 分鐘左右，有時候甚至更趕！

那時都已經是登機時間，所以從拿到登機證、通關和登機門的這一大段路，都是瘋狂奔跑的狀態，包括我的家人也有過腿軟經驗啊，哈哈！甚至在還沒抵達登機門前，就會看到地勤人員拿著班機號碼牌子出來抓人了，我自己就會主動過去招認。雖然說是因為後補票的關係，但都還是會很不好意思。

但是就是有某些客人對於登機時間很無感，甚至還消失了……

眼看飛機要起飛了，某家的航空公司還找不到最後未上機的兩位客人！

桃園機場雖不大但也不小啊，地勤小 P 一直四處找，從免稅店到各處的登機門，一直看不到人影。

雖說航空公司可以 offload 行李（把行李退出），直接關門走人。但由於這兩位客人行李滿多的，要拉掉也要花一些時間，所以當下也只能靠地勤人員的腿力。

飛機是 10:05 起飛。

這兩位被異次元空間吸走的客人，竟然在 10:06 的時候才出現在登機門！

我的老天鵝啊！（冒汗）

地勤 P 說：「全部的人都在等你們，飛機 10:05 就起飛了，為什麼現在才來？」

客人用無辜的表情說：「不是 10:05 登機嗎？」

連一句道歉也沒有？還一副沒差的樣子，簡直讓地勤人員氣到快爆炸。

因為這班飛機並沒有靠空橋，迅速拉著客人搭車到飛機，以百米的速度衝過去。

到了機邊之後，這兩位又出現更匪夷所思的舉動了……

不是衝上去登機，而是跑到飛機旁邊去拍照。

居然還要拍照？（傻眼）

另一位機邊地勤整個不敢相信，用想把他們碎屍萬段的眼神瞪著他們說：「你們要拍到日本在拍，飛機已經為了你們

delay……快點上去！」（很想說滾上去，但還是忍住。）

客人無感回望他一眼，再繼續自拍兩張，才肯罷休上機。

這……，真的讓人很無言啊！

如果你們是機上的乘客，大概也想把他們踢下飛機吧（揮拳）。

要是發生在國泰航空應該早就被拉掉了，就讓客人看著飛機後推，繼續等待下一班。如果沒位置，那就再等下一班，這樣大概就能學到教訓了吧！

真心的佩服地勤人員們，每天都要面對和處理很多「噗嚨共」（臺語），難怪地勤人員的 EQ，都不是普通的高耶！

登機證上會印兩個時間，一個是起飛時間，一個是登機時間，而登機時間都是在起飛前的

> " 一段美好的旅程從機場開啟，逛免稅品也一定要特別注意時間。 "

30 分鐘左右。登機時間到，就是客人要出現在登機門的時候！

如果不確定或不明白的地方，也要問清楚地勤人員喔！（打勾勾）

在 35000 英尺上的愛情邂逅

空服員和客人的緣分，就是僅只在飛機上短短的一趟飛行，但也有人的緣分，是在 35000 英尺高空上開啟！

幸福的故事，就從這趟杜拜飛往大阪的航班開啟。

中東的航空公司都有這樣的規定，每趟航班都規定要有會阿拉伯文的空服員。

那次不知怎麼回事，原本應該補一位經濟艙組員，但不知道發生什麼事，拉掉了商務艙的組員，結果商務艙就少了一位空服員負責原本的工作。

座艙長問：「誰要去商務艙幫忙？」

當時有一位臺灣人 W 小姐在商務艙服務，聽到座艙長要抓人上來幫忙，她就叫同是臺灣人的糖果小姐舉手，因為可以藉著工作之便，一起用國語大聊特聊。

當時糖果小姐還是經濟艙最菜鳥的組員，座艙長第一時間並沒有讓她去，但最後因為其他組員都沒有意願，糖果小姐就

這麼幸運的到商務艙幫忙了！

雖然糖果小姐沒有受過商務艙的服務訓練，但幸好有 W 小姐一直罩著。

當服務做完了，兩個人正準備拉起廚房窗簾，要在空服員專屬的小天地裡聊天時，有一位客人按了服務鈴，糖果小姐便立刻前去詢問客人有什麼需要。

但這位阿伯是日本人，講了一大串日文，她沒有一句聽得懂。

糖果小姐立刻找了日籍組員過來幫忙，順利的搞定了！

日本阿伯又按了第二次服務鈴，這一次坐在阿伯隔壁的日本人海苔先生，很熱血的出聲：「這位阿伯是想要擦手的毛巾喔！」

海苔先生非常貼心的，翻譯幫了糖果小姐的忙。

在飛機快降落時，海苔先生突然跑到廚房跟糖果小姐借筆。

很快的，空服員開始檢查客艙，要準備降落了。

這時海苔先生順勢將筆還給糖果小姐，不只遞上了筆，另外還夾了一張紙條。

送客人下機後，糖果小姐把紙條打開看，海苔先生留下了 e-mail 和名字，寫著，如果糖果小姐願意和他交朋友的話，可以寫 e-mail 給他。

糖果小姐對海苔先生的印象很不錯，除了感激他在機上即

時幫助以外，還真的很少碰到日本人英文這麼好的。

讓她更好奇的是，為何他留的是 e-mail 而不是電話呢？是因為日本人比較保守嗎？

不管怎麼樣，這招成功了，她主動寫 e-mail 給海苔先生。兩人就這麼開啟了 e-mail 魚雁往返的筆友日常。

過了兩個多月，糖果小姐放年假要回臺灣，從來沒去過臺灣的海苔先生就提議，是否可以到臺灣找她玩。

這是他們第二次見面，相處的時間更多，彼此的了解也更多，雙方都留下很美好的回憶。

兩個人又繼續往來 e-mail……曖昧的氛圍開始出現了。

再過了一個月，這次換糖果小姐要去大阪玩了，身為地陪的海苔先生，義不容辭的帶她跑遍知名景點，也吃遍美食。

就在糖果小姐在機場準備搭機回杜拜工作時，本來兩個人都是用英文溝通，海苔先生突然用日文說：「好きだ！」（我喜歡妳）

糖果小姐雖然日文很菜，但聽懂了這句話（她害羞的笑著回看他）。

這是他們第三次見面。

第三次見面雖然關係有很大進展，但兩個人又要分開了。

　　糖果小姐雖然也對海苔先生有好感，但要談遠距離戀愛，著實讓她很卻步。

　　但海苔先生展現了很大的誠意，雖然工作很忙，還是騰出很多時間關心她，也給予她信心和安全感。

　　當他再度鼓起勇氣開口問：「妳願意當我的女朋友嗎？」

　　這次糖果小姐不再猶豫的說好。

　　於是，兩個人開始談遠距離戀愛！

　　海苔先生工作關係需要常出差，而糖果小姐的工作又是空服員，要見面真的沒有那麼容易。

　　但感情卻沒有因為距離而變淡，每次的相見總在不同國度和城市，雖然辛苦，但兩人的感情越來越好。就這樣，三年半的遠距離戀愛後，海苔先生和糖果小姐決定要結婚了。

　　糖果小姐辭去空服員的工作，與海苔先生定居在大阪。

　　這一次不用再分開了！

　　很多人好奇空服員的感情生活，更想知道遠距離戀愛，是不是真的可以維持和長久？

> "
> 其實只要兩個人願意付出努力，
> 再多的困難，都是可以克服的！
> "

高空上演諜對諜：
遇見客人戲精上身超會演

　　如果客人得不到預期的結果，往往會把同一件客訴分別跟幾位不同服務人員說，看看會不會有其中一個人放行。所以這非常考驗著團隊成員之間的溝通，以及共同解決問題的能力！

　　有一次從以色列飛往香港的長程航班途中，有兩位客人突然來後面的廚房，告訴我們，他們快受不了，想立刻換位置！

　　客人們表示，坐在他們兩位隔壁Ｃ座位的先生不舒服，在座位上吐，還把嘔吐物包好放在椅子底下，他們覺得很噁心，一直有味道傳出來很臭，希望空服員們可以幫忙把那包嘔吐物拿去丟，並讓他們換位置。

　　我聽完抱怨的原由，先安撫客人後，第一件事當然先去看那位客人是否真的有不舒服的狀況，因為這才重點，畢竟航班才飛了一半，還有六個小時才會到香港。

　　至於嘔吐物，我們不會幫忙拿去丟，我們跟客人解釋，因

為空服員要處理機上食物，基於衛生問題，所以一律都是請客人自己將嘔吐物拿去洗手間丟。

我和另一位同事走到客人位置後，那位坐在 C 的客人（簡稱 C 先生）剛好去了洗手間，不在位置上。

奇怪的是，我們並沒有聞到任何味道，而且查看了一下 C 座位，也沒有他們說的嘔吐物，相反的，座位上相當乾淨。

回到廚房，告知跑來客訴的兩位客人，他們依然表示無法忍受，堅持一定要換位置。

但現實是，當天是滿機，我們跟他們表達了並沒有多餘的空位可以幫們換座位。

待那位 C 先生上完廁所回座位後，我上前詢問他的身體狀況，他用疑惑的眼神看著我，「我沒有不舒服啊！為什麼會這樣問我呢？」

而他確實看起來真的很正常，我也看不出他不舒服，而且客人回應說他沒有吐啊！幸好他是華人，我們可以用中文溝通無障礙，不然真的很難問的不失禮，也唯恐解釋不清楚。

只是事情發展到這邊就變得有點奇怪了，因為兩位抱怨的客人一副很厭惡的樣子。

沒有多久商務艙的資深事務長走下來說：「剛有兩位經濟艙的客人跑到商務艙去，說後面的空服員態度不好，沒有要處

理客人的嘔吐物，他們很不開心。」

資深事務長補充說：「你們剛剛有碰到客人反應說，他們附近有人吐嗎？」

我回答：「有啊，但是我和另外一位同事一起過去座位上確認沒有嘔吐物，並且也詢問那個座位 C 的客人，他也納悶說他沒有吐，為什麼要問他這個問題。」

資深副事務長當然不是省油的燈啊，客人會走去商務艙，當然有另外別的更重要的理由——就是要看有沒有空位，看有沒有機會拗升等——想利用客訴這招升等，接著看我們會怎麼處理。

現在要跟空服員玩諜對諜就是了，還去前面挑撥離間，這演哪齣！

跟資深副事務長解釋完前因後果，我們又再前去位置與 C 先生聊天，順便告知他，因為坐在隔壁兩位客人說看到他嘔吐，座位上還有一包嘔吐物。

> 記得，服務者與被服務者，
> 要保持互相尊重的關係！

C 客人當場傻眼，立刻回說：「哪有啊！他們是神經病嗎？」

我們的責任當然就是要釐清

問題並解決問題。

我和同事真的沒聞到奇怪的味道，而且客人正常得很，坐在附近的客人根本都在睡覺，更沒有嘔吐的味道。

最妙的是那兩位抱怨的客人，還要跟我們拿口罩。

雖然真的很誇張，也不知道在演哪齣！

但更重要的是，我們也需要向這位被誤會的 C 先生致歉，畢竟真的打擾到他了！

兩個客人為了想要升等，而搞得空服員們有點混亂。

後來降落前我還特別去跟被誤會的 C 先生聊天，希望他心情不要因而受困擾，能夠開心一些，畢竟看起來，他有點怒、有點委屈，順便也讓坐在他旁邊的兩位怪咖知道，不要以為用這種伎倆就可以為所欲為！（握拳）

挨罵了，
對方正在宣洩情緒，
表示情況正在改善

　　在服務業工作的人，在應對客訴時，開場白幾乎都會是
──不好意思、抱歉、對不起……居多；有許多的時候，客人
只要聽到道歉，怒氣會當場消了一大半，就像免死金牌般的好
用。但有時候也有很冤枉的情況，挨了罵還得打起精神把事情
處理好。

　　在國泰飛往新加坡的航線，是出了名的難做，原因是會員
卡客非常多要求多，但不是卡客的人要求也很多。

　　所以每次下班，都會是屬於累到被抽乾的狀態，如果可以
選，我會盡量和新加坡班保持距離，因為實在看過太多同事吃
悶虧了……

　　這個新加坡來回班，看似很平順的來回做完餐飲服務。

　　收餐時，其實客人餐桌上都還是會有一些還在喝的咖啡

茶，或是飲料。

我們都會在收餐完後，再拿大托盤去客艙走個兩圈，收一些還沒收完的飲料杯。這時距離目的地，還有四十分鐘就要降落了，當然還是要快速整理一下客艙。

我的同事 K，正拿著一盤滿滿的垃圾要回廚房，結果在走道時，塑膠杯倒了，裡面裝的是客人沒喝完的紅酒！

雖然是一瞬間的事，但他反應超快，盡量讓紅酒往自己身上灑，因為如果噴到客人，才是大悲劇啊！

悲劇若避免不了，還是得把損害降到最低，犧牲自我溼了一身紅酒，但第一個反應，第一件事還是要關心客人。

他問了一輪坐在紅酒打翻附近的客人，有沒有人被紅酒噴到，或是弄髒衣服等等。

客人都搖搖頭說沒有，K 才放心走回廚房要整理一下自己的儀容。

過了十分鐘後，服務鈴響了！

K 去回應，出去回來廚房後，跟事務長阿姊說：「有一位客人要客訴！」（我就心想說新加坡班哪可能這麼平靜！）

K 跟我們說，他去應服務鈴時，第一句話問：「請問有什麼可以幫你的嗎？」並順手要把服務鈴按掉。

這時，客人就很不爽，「我還沒有講耶！你怎麼可以把它

按掉！」

按掉服務鈴是表示空服員已經到達處理，避免其他組員看到有服務鈴衝出來。

K 雖然傻眼，但很有禮貌的回應客人，「我只是順手先按掉，你有什麼需要幫忙的可以跟我說沒問題。」

客人質問組員 K：「你剛剛為什麼沒有問我，有沒有被紅酒噴到？我被噴到了！」

同事非常緊張，連忙跟客人道歉，表示沒問到她是自己的疏忽，並說：「真的很抱歉，我立刻去拿溼毛巾給您。」

客人接下來說：「我要客訴，我要跟你主管講話。」

組員 K 回廚房後，跟事務長阿姊清楚描述與客人的對話內容。

阿姊去了之後，客人說：「我要客訴剛剛那個組員，他的態度不好，服務很差！」怒氣感覺是衝到天庭了。

當下阿姊當然馬上跟客人道歉、盡力安撫客人，希望能將大事化小，小事化無。

阿姊回廚房一跟我們講完，大家都很不爽，因為客人只是在借題發揮。

當時我和 K 是服務同一條走道，他是少數我見過從頭到尾都維持笑臉的組員。而且人長得又很斯文，對同事也很有禮貌，

其他的同事也都有同感，所以說他態度不好真的很冤枉！

還好事務長阿姊非常挺組員，當天的老總也非常明事理，還過來拍拍K，要他不要放在心上，他也盡力處理了，大家都相信他。

同事K一臉無奈和苦笑……

碰到好的阿姊和座艙長力挺，真的算很幸運。我自己的朋友就發生過同樣的事情，但是座艙長站在客人那邊反過來指責他，落得要回公司見官的命運。真的很慘！

我看過一本書，裡面提到一句話很好笑，「座艙長領的錢是包含挨罵的費用！」

其實說得很對啊！

遇到一些狀況，不管客人是對是錯，組員還是都會被罵。

從這個案例可以學到一件事，一件可能本來不是太嚴重的事，也盡可能的處理了，但會因為第一時間沒有做好處理，而

> 在服務業工作難免會有些負面情緒，
> 但是千萬不能讓這些負面影響自己生活。
> 下班就該把不開心通通忘掉，
> 讓自己快速調整好狀態，
> 迎接嶄新的明天！

繼續加溫。

　　應對客訴是有處理步驟的，一開始的接觸是很重要的，當客人情緒很激動時，道歉確實是可以最快平息火氣的方法之一。

　　面對客訴很重要的一個原則：「先照顧客訴者的情緒，再處理事情。」

　　為了避免客訴繼續擴大，也展現出自己想要好好解決問題的誠意，客人也能立刻感受到被尊重。

超越服務，
熱心協助遺失錢包的旅客

　　還沒正式成為空服員時，在上服務課程時，教官特別說到，雖然服務鈴一響要趕快出去回應，最好連服務鈴都不要有。

　　為什麼呢？因為你要在客人主動要求前，先觀察到客人需求！

　　這也是很多服務業一直實行的服務理念，主動關心就是互動的開始。

　　接下來跟大家分享一個很棒的故事。這件令人感動的事，發生在紐約飛回香港的班機上。

　　一個印度爸爸，帶著一對雙胞胎小朋友，在過海關的時候，意外的遺失錢包。

　　當時不知道為什麼，走過安檢時一直嗶嗶嗶。

　　所以安檢人員，一再要他來回過探測機器，確認沒有問題才放行，正要去拿行李的時候，就發現錢包不見了！

當時他馬上告知安檢人員，四處翻找了好一下，但還是找不到。

雖然無奈，還是得要先準備登機，地勤人員也告知他，如果找到會再聯絡他。

從一登機，這位印度爸爸就愁眉苦臉的……

細心的組員察覺到向前主動詢問，有沒有可以幫忙的地方，印度爸爸才說出剛剛在機場發生的事。

錢包裡面有現金、信用卡，最重要的還是，入境通關需要用到的香港 ID 都沒有，這樣連入境香港都會有問題的啊！

整趟飛機下來，他很悶，錢不見就算了，證件才是最麻煩的。

重點是，他還帶著一對可愛的雙胞胎幼兒，大約不超過五歲，一直在想著，飛機降落香港後要怎麼辦？可以向誰求援？

當天班機上的同事阿哥聽到客人故事之後，當場想幫印度爸爸發起募捐，問了座艙經理後，正好她也有這個想法，同時告知所有空服員們，沒有強迫一定要捐款。

當天組員們都超有愛心，每個人都熱心的樂捐，機師們更慷慨解囊。

最後港幣、美金、澳幣等，共募到近 5000 元臺幣耶！

降落前，組員們還特別一起寫了一張充滿溫暖的卡片，連

帶著募捐到的現金，一起拿給印度爸爸。

組員們告訴印度爸爸：「知道你發生的事情後，我們雖然不能幫上多大的忙，但這是我們組員募捐的小心意，應該足夠讓你帶著小朋友們回到香港搭車用餐，順利回家。希望你收下！」

話一說完，信封和卡片遞給印度爸爸。

當印度爸爸他拿到的時候，我們看到他感動到馬上掉下淚，緊抓著空服員們的手一直說：「謝謝，真的很感激！」

看他這樣，我們幾位空服員也瞬間紅了眼眶……

想來近 15 個小時的飛程，對印度爸爸來說，一定很煎熬、坐立難安。

如果組員沒有好的觀察力，先主動詢問關懷，就完全不會有後續發生。

當然這並不在空服員們職責範圍之內，但因為出自真心的關心想要幫助客人，組員們用滿滿的愛心，加貼心的舉動，讓他展露笑容。

> " 沒有目的真心付出，
> 反而可以達成服務的真諦，
> 這就是創造感動的服務。 "

或許能幫上的忙不多，至少在這個小小的飛機空間裡，有一群熱情的空服員們，做出超乎服務範圍的事，創造出真心的感動。

　　說到底，服務就是出自真心熱情，直覺的付出，主動提供幫助。

　　相信對這位客人，這一輩子最深刻也最難忘的回憶了！

安撫氣噗噗的旅客是日常

　　服務業最常談的就是同理心，在評論一件客訴事件時，多半我們都能發揮同理心。

　　但說的還是比做的容易，若事情發生在自己身上時，就是非得爭個你死我活才罷休！因為我就有碰過這樣的事，不是服務人員造成的客訴，而是客人之間一觸即發的爭執。

　　每次要飛新加坡班，很多組員都會有點「驚驚」的，上班之前都都會先做幾次正面思考和深呼吸，想像這個航班一定會非常順利加美好……

　　結果才起飛沒多久，正在廚房裡打仗準備做飲料和餐點服務時，服務鈴叮咚響起。

　　同事走上前去，客人氣噗噗的怒喊聲，讓人瞬間變傻眼貓咪……

　　為了享受舒適的座椅和空間，乘客通常會在起飛後放低椅背，特別是想要好好睡一下的時候，這是可以理解，也很正常的事。

但在飛機上為了椅背的問題，常會有客人因此而互看不爽，夾在中間的空服員就很傻眼。

因為客人多半不好意思開口，在送餐的時候我們都會順便提醒客人，將椅背稍微調整，讓後方的乘客較方便用餐。

但還沒送餐前，災難就開始了。

按服務鈴的女士，大聲向空服員抱怨：「前面的人椅子放那麼低，我是要怎麼坐？妳叫他起來！」

非常憤怒的怒罵前面那位將椅背放低的乘客，同時也猛力一踢，怒踹了椅子。

前面的先生因此而驚醒，馬上也不甘示弱，立刻抨擊回去：「放低椅子是我的權利，憑什麼要我豎直椅背？我偏要放那麼低！」

坐在附近的乘客本來都在看電影，被怒氣聲嚇到，都轉頭過來看。

客艙上演的這幕，比電影還要更精采，感覺就像現實版《小孩不笨》真實上演，你一言我一語，互不退讓。

兩位客人都約莫四、五十歲了，相互叫囂，爭個你死我活。

在場的同事立刻上前安撫這兩位乘客，並盡量動之以情，說之以理，讓客人盡快冷靜下來。

夾處在兩位中間的空服員，忙著準備餐車跟飲料車的同

時，還要兩邊奔波，只能極力安撫兩位盛怒的乘客。

飛新加坡雖然有三個多小時，但是要做飲料和出餐，在滿機的狀況下，時間也是有點緊迫。

在廚房裡的學姊事務長也出動來幫忙，最後用了一人一杯咖啡茶，成功安撫兩個氣噗噗的長輩，也還好當天機上還有空位，就順勢將兩人位置調開。

我們都知道經濟艙位置本來就很小，當坐在前面的人一路把椅背調到最低，後面的客人真的會很不舒服。 所以比較好的做法是適當調整，調低椅背是每位客人的權利，在享有權利的同時，多點體諒他人，畢竟我們也不想同樣的事情，發生在自己身上，這樣才會雙贏。

我曾經碰過一位客人在登機後，因為不滿坐在前座的人講話大聲，一直用腳踹椅背並叫罵。

坐在前面的乘客很害怕的來跟我們說，由於他已經出現暴力，外加情緒有點失控， 機長以危害到機上安全的理由，直接把這位客人 offload「拉掉」，也卸下他的行李，並通知地面安全人員來請他下機。

同理心，用說的很容易，但真正要做時卻很考驗人性。

有時候即便這種狀況在航空業不算少見，但遇到時還是會覺得不可思議。

當出現爭執時，顧客可能會因為怒氣而硬是要唱反調，在這個情況下，服務人員更重要的工作是，「協調爭端和解決問題」，不然會影響到更多的客人。

所以在這個案例當中，在處理這樣的狀況時，要先處理心情再來處理事情。

這個時候的服務人員，就要將自己當成是火爆場面的潤滑劑。也就是說要先處理原本即將一觸即發的衝突，再來將兩位客人的座位分別換開，拉低椅背的問題處理掉。

即便我們是服務人員，下班後也都會成為客人，在自己能力所及內，會盡量照顧到別人感受，也做到基本尊重，所以更要仰賴彼此的互相體諒，讓自己也成為有素質的客人。

只要你願意，多一點同理心，很多事情都能迎刃而解，也不會影響出遊好心情。

跟大家分享這句經典金句：

> "
> Treat people the way
> you want to be treated.
> （己所欲而施於人。）
> "

速度快可不見得等於服務好

　　我常去法蘭克福的麥茵茲小鎮一家餐廳吃飯，那次飛去我又想去吃我最愛的炸豬排了。

　　走到餐廳裡，發現裡面已經有五成的客人，一位帥氣的年輕服務生，正忙進忙出的做服務。

　　坐下沒多久，他迅速送上菜單並幫我點飲料。

　　過幾分鐘後我就向他招招手，示意他我已經選好餐點。

　　德國人的英文一向很不錯，所以不管是買東西或吃飯，對觀光客來說，用英文就能溝通是超棒又便利的事！

　　我選了黑胡椒醬的德式炸豬排後，正想詢問，是不是能將薯條換成配菜沙拉時，他卻急著要走，在我叫了他之後，才迅速轉身回答我。

　　餐廳裡也有另一位像是老闆娘的女生，在忙進忙出當外場服務，當時就只有他們兩位服務所有客人，看得出來真的很忙。

　　在我右手邊的前面有一群德國人，一邊用餐一邊喝酒，笑

得很開心。

沒多久那位男服務生被叫過去加點酒，看到他迅速把開好的啤酒要送上桌。但就在放上桌的一瞬間，一個不小心，他手滑掉了！

桌上的兩三瓶啤酒就這樣翻倒了，倒出來的啤酒沿著木桌流下來，滴滴答答。

服務生和客人則迅速把啤酒瓶翻正，試著拯救這場啤酒海災難，整個木桌也溼了大半。

不幸中的大幸！客人並沒有噴到，也沒傷到。

服務生當下也被嚇到了，驚慌中立刻衝回廚房拿抹布來善後，並跟客人道歉。

客人超好，也笑笑地拍拍他說：「沒關係，慢慢來就好。」（雖然他們講的是德文，不過看樣子是這個意思沒錯，哈哈！）

清理花了一些時間，當下還有其他客人需要服務，遲遲沒看到服務生的身影，這時老闆娘也出來關心了，服務生更緊張了。

好不容易抹好了以後，這時又有客人上門了，服務生又迅速向前招呼。

沒多久我的餐點來了，我一邊享受美食，一邊觀察他的服務（畢竟我真的沒事做～哈哈）。

服務生將客人的飲料一杯一杯送上桌，雖然我聽不懂德文，但從客人動作和反應，都可以判斷出來……

「他送錯飲料了！」

雖然是小事，但服務生又得再跑一次！

我前東家國泰航空公司，基地是在香港，香港生活步調很快，當然工作文化也會受影響，一定要快、狠、準！不只要快，還要做好，香港的其他行業普遍來說也都是這樣的工作節奏，當然這就要靠經驗累積，也要熟能生巧。

這對新人菜鳥來說，壓力會很大，也比較容易出錯。

服務生在餐廳發生的事，其實我在飛機上常常都經歷過。

因為有時間壓力，送餐時就像打仗一樣，在趕時間的狀態下，要把服務做得又快又好，除了靠經驗，真的要非常非常非常專注！

有一次，印象很深刻，送完餐後要走茶咖啡，廚房很小，大家都擠在裡面忙進忙出，咖啡壺沒蓋上蓋子，一位同事因為急著拿，不小心打翻，結果剛煮好的咖啡整個倒在我的手上，超燙的啊！飛機上的水雖然沒有滾燙，但還是很燙！我因此馬上成為傷兵，要冰敷！

從餐廳這個故事來看，我對減少錯誤和提升服務品質有三個觀察：

1. 不管有多忙，一定要聽客人把話講完。

　　重複一次客人的話沒錯後（因為你有可能搞錯客人意思），再去準備，不然常常都要跑兩次。當下可能有不同的客人點一樣的飲料，或許這樣就可能避免送錯，他也不需要再跑一次，因而花了更多的時間。

2. 忙碌時雖然動作要快，但不要只是埋頭一直趕，因為你很容易搞砸。

　　這樣一搞砸不僅變慢了，還幫自己找更多麻煩，送啤酒的意外就是這樣發生的。在飛機上，常常要跟時間賽跑，尤其是短程航班，全滿班機，要急著送餐時，最容易出包。

> 有餘裕的流程，
> 才能讓一切井然有序。

　　有一次我急著拿麵包，差點把整籃的麵包打翻，還好我和事務長手快，馬上從空中接住，不然整籃麵包掉了，麵包一定不夠發，這樣事情就會很大條！

　　忙也能有效率，心中要有節奏。清楚的知道什麼時候做什麼事，這樣會很從容，也會快又有效率！

3. 如果不小心出問題，就當機立斷處理。

　　不管心裡有多急或者不開心，也不要表現在臉上。要讓客人知道你是很專業、沉穩，也有危機處理能力，減少客人找碴機會（當然奧客是另當別論）。當然絕大多數的客人都是很有同理心，也很體諒空服員的工作的。在服務業工作，自信的態度和解決問題的能力，是最重要的。

人生勇士：服務香港
帕運代表 29 位輪椅客

待命開始的時間是 7 點，會接到被抓飛的電話，我一點也不意外！

「我被抓飛名古屋來回班！」

原本以為是個熟悉的早出晚歸苦力班，但是這一趟名古屋卻和往常的不一樣，我看見了一群為生命奮鬥的勇士，讓我很動容⋯⋯

在上飛機之前，我們都要做飛行前簡報，客艙經理（老總）會負責主持簡報，會討論機上安全同時也告知組員該航班的資訊。

老總說：「從名古屋回香港那段航程，我們會有 29 個輪椅客人，每個人都需要用 sky chair（可以推進機艙走到的飛機上專用輪椅），他們雖然是殘疾人士，但卻都是比我們都還要健壯的運動員喔！」

他們是帕拉林匹克運動會香港代表隊，出國比賽結束，現

在要準備回家了！

在一般乘客登機前，這些運動選手先登機，因為 sky chair（機上專用輪椅）只有一臺，要用輪流的方式把他們送進機艙。

我們花了大概 40 分鐘，原本我以為他們只是稍微行動不便，看到他們上來我才知道……

他們幾乎脖子以下癱瘓和萎縮！有些人甚至不能說話，也發不出聲音，非常辛苦。

他們身邊各有一個照護員抱他們在輪椅上移動，照護員們個個都很有經驗，也很專業。

真的很難想像，生活需要被照顧的狀況下，竟然能夠克服種種困難，還成為這麼傑出的運動員！

起飛之後，我們開始做餐飲服務，問餐的時候運動員們都婉拒用餐，也非常客氣，可能是怕麻煩人或身體不適無法用餐。

餐點送完我們開始派冰淇淋，沒想到冰淇淋讓他們很開心，照護員問他們想不想吃，他們都點點頭，接著映入眼簾的就是，每一位照護員都一口一口，細心且耐心的餵食他們。

他們也許無法說話或表達太多情緒，但看得出這些運動員們與照護員的互動非常親密，就像家人一樣，這樣的畫面讓人覺得好動容。

其中有一位運動員腳萎縮，抱上座椅之後，她的照護員問

我：「有沒有東西可以墊腳？因為腳萎縮無法著地，懸空會讓他腳很麻。」

我二話不說拿了用來裝乾冰的空保麗龍盒，但因為有點過高，我再把蓋子拿起來，這樣高度就剛剛好可以墊腳了！

他們好客氣的一直感謝，一直道謝，接著，竟然拿出一枚胸章送我！

> **"**
> 沒錯，
> 人生確實會有很多難關，
> 但我們都可以選擇正面迎戰！
> 你有多認真的面對人生，
> 就可以走出多精采的故事！
> **"**

我好感動～～瞬間鼻酸了……

我在飛機上看見了一群為生命的奮鬥的勇士，不屈服於自己身體的殘缺努力活出自己，勇敢的當自己生命的設計師，創造每一個奇蹟和美好，相信每一張金牌的背後，都蘊含著很多不為人知的付出和淚水。

看到這裡，不知道大家心中有什麼感受？這一夜，我聽了屬於這些生命鬥士的奇蹟，不只感動，更將我的鬥志再次點燃……

你有多認真的面對人生，就可以走出多精采的故事！

誰說花錢的就是大爺？

服務業最無奈也最難處理的，就是遇到一般人俗稱的：「超級奧客！」

認為自己花錢就是大爺，可以為所欲為，或者是一碰到有不如意的事，就會大爆走，這是身為服務人員最頭痛，也最害怕的事！

客人不是永遠都是對的。有天使客人，當然也會有惡魔客人，遇到這種客人該怎麼辦呢？來看看以下這則故事。

很多客人上飛機後，第一件事就是東張西望、躡手躡腳的想要換位置。接著會問一下空服員，旁邊有沒有人坐，但其實空服員也不知道啊！哈哈！

通常我們會跟客人說今天班機滿不滿，也會告知客人，要換位置可以等到機艙門關閉後再換。

但是有一種客人是──「二話不說先換了再說」。

接下來真正坐在那個位置的客人上機後，客人請他坐回原位置，他居然說：「隨便坐，今天班機沒滿！」

但完全沒有顧慮到別人，就是想坐在他想坐的位置上啊！

新加坡班總是會有很戲劇化的事情發生！難怪很多組員同事都避之唯恐不及，我也很不愛（驚驚的）。但有時會為了吃名列「新加坡三大肉骨茶」，還曾獲得《米其林米其林新加坡指南 Michelin Guide Singapore》推薦的「松發肉骨茶」或是新加坡叻沙麵 Laksa，那只好飛一下，哈哈！

A 客人原本是坐在 45B，但一登機後，他卻坐在 45C。

後來坐在 45C 的 B 客人上飛機後，B 客人很有禮貌的告知 A 客人移動往裡面坐。

但此時 A 客人說：「可以隨便坐啊！今天班機沒滿！」

但 B 客人耐心的回覆：「但是我想要坐走道位置耶，不好意思！」

沒想到 A 客人居然開始大聲：「就說班機沒滿啊，為什麼一定要坐在這裡啊？很奇怪耶！」

B 客人聽到大傻眼，但也開始不爽，「憑什麼我不能坐在我自己的位置啊！你坐回自己的位置啊！」

這時候 A 客人竟然口出惡言開始罵髒話：「ＯＯＸＸ，你他Ｘ的換坐別的地方會死是不是？」

B 客人的好心情被他的髒話大激怒！

於是，兩個人開始對罵。

空服員也在聽到吵鬧聲，介入協調，沒想到兩個人越罵越激烈，還差點動手耶！

兩位同事立刻把他們隔開，避免怒火越燒越烈。

但同時也給了這位自行換位子的 A 客人口頭警告！

如果他再繼續不聽勸告，就是影響機上安全，包括對機艙內乘客造成威脅，擾亂機艙秩序都是違反規定。一旦機長出示警告書，我們就可以依法令及航空運輸條款，採取必要處置，比如說像執法機構通報，抵達後就有相關單位來處理。

給完口頭警告以後，A 客人才比較冷靜下來。

我們趕快把位置被占據又無辜被罵的 B 客人，換到另一區比較舒服的位置，才順利解決這件事！

理不直、氣還很衝的客人，其實是最讓人頭痛的！因為他們就是最常見的經典奧客類型，然後還會招惹

> 懂得尊重別人的人，
> 才值得被尊重。

其他客人，其實他最終的目的並在於自己的問題是不是可以解決，就單純想要抱怨，或是挑起爭端，只是想爭一口氣，要把架吵贏。

只要客人出現髒話、或是不理性的人身攻擊，這時的他們

是沒辦法溝通的。

　　這時我們也只能堅決表明立場，然後就不再回應他。當然每家航空公司都會有相關處理流程和規定，身為當事人不需要在現場一直承受這些負面情緒，處理完狀況後，就跟主管回報，也讓其他同事們都知道，以便他們碰上他也好有個心理準備。

　　誰說花錢就是大爺？

　　以客為尊要建立在彼此互敬互重的基礎上，但是真的不是花錢就是老大！

　　希望在服務業的大家，都能練就一顆強壯又溫柔的心。

「別擔心，有我在！」
協助服務延續到機場外

感動服務是從心出發，主動提供幫助，不是因為工作職責，只是因為純粹想要幫忙的心，那個善良充滿愛的瞬間，往往最能感動人。

我覺得這是喜歡服務人的朋友們，所具備的人格特質。

不曉得在服務業工作的朋友有沒有這種經驗，在並不是在工作的時間，看到需要幫忙的顧客，卻依舊是忍不住伸出援手呢？

在松山機場的臺灣航勤 Alex 說：「還記得當時遠東航空還沒倒閉，記得那天有架航班編號 027，從澎湖飛回松山的班機，那個班機通常是用 MD82 的單走道小飛機去飛。」

一般來說，飛機都會停在有空橋的機坪，但那天不知為何卻停到外機坪，需要用樓梯來讓旅客下來。

那天遠航告知，機上有輪椅旅客要服務。

那時候比較菜的 Alex，就被派去幫忙。

在飛機停妥，一般旅客都下飛機後，空服員示意要 Alex 將輪椅搬到飛機上。

因為飛機問題，所以只能用樓梯上下飛機，一般來說，輪椅旅客都是年紀偏大的人使用。

但這次看到的卻是一位年輕女生。

「看起來好像生病，而且嘴唇發白，臉色看起來很不好。」

因為航勤人員，大多數都是男生，旅客是女生的話，肢體碰觸會不方便，所以一位女空服員便主動走過來，抱起這位旅客到輪椅上。

但現場只有 Alex 一個人，根本無法把旅客搬下機，這時突然後門來了好幾個長官及學長，大家一起合力將坐著輪椅的旅客搬下，移至接駁車。

而那位空服員也非常盡責的，在旅客面前，極力安撫她有點不安和害怕的心情。

到接駁車上後，空服員返回機上準備下班，長官學長們也陸續離開，剩下 Alex 一個人繼續協助這位旅客。

航勤工作職務 SOP，必須要詢問這位旅客一些事項，像是下車後有沒有行李要拿，以及要坐什麼交通工具離開機場等問題。

但他發現在詢問的同時，這位旅客感覺快要失去意識，且講話也越來越小聲……

讓他不禁也很緊張，開始冒冷汗！

經過一番努力後，終於順利將旅客推出管制區，要準備去搭計程車。

這時看到有一位男生走了過來，主動表示是旅客的哥哥，並請 Alex 協助她妹妹到計程車上。

當時旅客非常虛弱，Alex 也沒想太多。計程車過來後，快速的將車門打開，並想辦法如何讓旅客安全的上車。

但這時旅客的哥哥，卻一直站在旁邊觀看，遲遲沒有動作，讓他非常傻眼！

而且從剛剛見到面開始一直都是漠不關心的態度，也不主動幫忙，讓他有點不解，也不悅。

Alex 是男生，一個人又不方便直接碰觸旅客的身體，正在苦惱該怎麼辦的時候，突然聽到一個熟悉的聲音說：「我來！」

轉頭一看，發現原來是剛剛在飛機上，抱起這位旅客的遠航空服員。

天使空服迅速的將包包拿給其他空服同事後，立刻跑來協助抱起旅客到車上。

與旅客哥哥確認，並告和告司機大哥，以最快速的時間送這位旅客到醫院。

之後空服員就默默的走向組員車，Alex 正要想感謝她，她

很帥氣的轉身致意。

旅客下機後空服員的工作就差不多結束了，但這位空服員即便下了飛機，結束了任務，還是很熱心熱血的提供幫忙！

Alex 說直到現在，他都一直記得她露出的「別擔心，有我在！」的堅定神色。

我在航空業十年的時間，每次飛行碰到的客人都不同，但老實說服務內容，工作流程都是一樣的，我覺得這句話很適合送給所有服務業的朋友。

> "
> ### 你的 100 次，
> ### 或許是別人的第一次！
> "

當你失去工作熱情的時候，都可以提醒自己，喚醒自己初衷的一句話。

之所以選擇服務業的朋友，多半都是因為喜歡跟人接觸，喜歡與人互動吧！

我們習以為常的幫忙和動作，對別人來說很可能就是很重要的一次。因為他有可能就是第一次搭飛機，第一次到高級餐廳吃飯，第一次住五星級飯店。就像常常飛行的人，很常吃飛機餐，對機上娛樂系統很熟練，知道安全帶燈號亮起時，不能去上洗手間。但是對第一次出國的人，這些都可能很新鮮，也沒有經歷過，所以難免有些緊張，也有些興奮。

從心出發的服務，不是因為「應該」，而是「我想」，所以我主動去做！

那個善良充滿愛的瞬間，往往最令人感動。

我想，擁有這樣特質的人無論在何時何地，都會很閃耀吧！

可以幫我喬一下位子嗎？

　　不知道大家到餐廳吃飯，有沒有碰過這類型的事？又或者你是服務人員，也很有可能碰到這類型的事——客人直接告訴你，他認識主管或經理，希望可以趕快安排他入座或是先處理他的事。

　　每次遇到這種事，身為第一線的你，一定都很想大翻白眼，但又必須好好應對。

　　先來看看這一則我碰到的事。

　　這年的家族聚餐要訂位時有點太晚，已經被訂滿，只好去現場候位，挑的是我們很常去的一家飯店裡的餐廳。

　　開放現場候位時間是 11:30，我弟弟 11 點就到現場排隊了。

　　這位客人是在我們之後才抵達的，所以也是在現場候位。

　　我發現他坐不到幾分鐘，就走向前臺服務生問：「要再等多久啊？我 11:14 就來等了！」

　　前臺服務生很有禮貌的解釋：「我了解喔！這邊都有做登

記，但是因為裡面的位置都是客人預訂的，也都是滿的。要等第一批客人用餐完，或是時間到訂位的客人還沒到，我才能開始請現場候位的客人進去。」

客人坐下不到 5 分鐘又再度走向前臺：「還要等多久才可以進去吃？我的腳不方便很痛啊，可以趕快幫我們喬個位置嗎？」

這位客人手拿著輔助枴杖走路，但說話的氣勢可是強到不行！

服務生也只能好聲好氣的說：「我們不能保證時間要等多久，要等第一批的客人用完餐，現場的客人才會開始進去喔！」

客人大怒，「我也算是訂位的客人耶！已經等很久了啊～你們經理在哪？我要跟他說！」

客人聲音真的有點大，所以我想在場的人應該都聽得到⋯⋯

聽到這句關鍵句：「你們經理在哪？我要跟他說！」我就有一種熟悉感（笑）這句話不管在機場裡、飛機上從來沒有少出現過。

雖然要跟客人應對的不是我，但聽到這句話我就覺得很無奈，有種職業病上身的感覺，好想替那個服務生跟客人說，但差點忘記這不是我的場。

這時候剛好出現在前臺服務生旁邊的一位男同事就說：「經理現在應該在忙喔！」

依我的經驗，這句話通常就是提油救火啊。客人會理解成：「所以意思是經理很忙，沒空理我嗎？」

但出乎我意料這位客人沒有怒氣瞬間飆升！只能說這位男生真是很幸運。

話說剛好經理這時候走了出來，這位客人立刻上去抱怨：「經理就幫我喬一下啊！我的腳在痛，已經等很久了耶……」

這種情況對她來說，應該是見怪不怪吧。

經理她問了一下前臺服務生狀況後，轉身就跟客人講：「真的沒辦法啦！裡面的位置都是被訂好的，現場候位要再等等，你坐著休息一下啦！」

我看著這位客人，擺著臉悻悻然走回等候位置，跟同行友人不停的抱怨。

我當下的感覺是有兩種可能──第一是，客人不懂電話訂位和現場候位的差別；第二，他都知道，但是存心想「盧」！

果不其然，我聽到他的友人勸說他不要這樣做，再詳細跟他解釋一次，為什麼現場候位要等待，後來，這位行動不便的客人情緒平復許多。

但過沒一下子，換那一位同行友人走到前臺詢問……

我覺得服務人員瞬間臉都黑掉了（心裡 OS 一定想說：到底有完沒完！）。

就在我正在思考這件事時，換我們入座了……

我一直在旁邊默默觀察事情的進展，因為要看餐廳人員怎麼應對，也想知道客人到底是怎麼了！

雖然客人不想按照規定硬要「盧」是不對的，也很令人怒，但是因為站在旁觀者的角度，同時也發現幾個服務人員可以做得更好。

你們一定以為，我說這個故事主要是針對客人，其實不全然是，我覺得身處服務業的人，或是你想踏進這個行業，你一定要有一種自覺。

1. 留意會造成衝突的對話

服務業的核心價值是提供客人滿意的服務，服務的不單指商品、食物、環境，指的是全面性體驗，體驗美好的話，下次再回流的機會就會高！

要怎麼讓客人體驗好呢？

「對話就是很重要的一個環節。」

像是前面插話的男服務生說了：「現在經理應該在忙喔！」

我當下聽到這句回答，我額頭上冒出冷汗，這句回應很容易激怒客人，讓客人誤以為是推託之詞，造成誤解。

這種情況應該要說：「您想找經理說話嗎？她現在應該在忙，您稍等我一下，我會幫您轉達。」

我覺得要清楚表達，才不會造成誤會。

無論經理人在哪、在做什麼，或者你有多　不想理這位客人，也都要小心回應，因為這也是幫你自己省麻煩。

2. 清楚傳達資訊

另外，可能在一開始和客人傳達「 現場候位和電話訂位 」的差別時，可以多花一些時間解釋，也確保客人不會一直鬼打牆，無法理解你到底在說什麼。

有時候傳達方和接收方，不在同一條線上，你覺得對方應該懂，他不見得懂喔！每個人表達和理解能力都不一樣，我們常常會期待講一次，對方就應該也必須聽懂我們在講什麼，可是這是不太可能的，會因此造成雙方的誤解。

在服務業的立場來說，寧可前面多花一些溝通時間，可以省掉後面更大的麻煩！

我指的是正常狀況下喔，如果存心鬼打牆的客人，就讓他隨風扶搖直上九萬里吧（茶）。

文中那位說經理在忙的男服務人員，要是遇到很機車的客人，他絕對會吃不完兜著走啊～（擦汗）

3. 圓融表達是服務體驗的一環

懂得圓融表達是很重要的，因為公司請你來就是要做這件事，如果你覺得不能講自己想講的話，或是講這些話很痛苦，那我會建議你不要做這行，因為太辛苦了！也會因為應對的問題，收到很多客訴。

你可能會覺得客人也太玻璃心了吧！

我們再反過來想一下，舉個例子，男朋友約會遲到你已經很不爽，他還一副無所謂的說：「沒差啊！也才半個小時啊！」你聽到這句話，不會爆炸才有鬼！

當我們有情緒時就已經很敏感，這時候對話內容就很重要，絕對不能因為客人的抱怨而變得情緒化。

「喬一下就好！」此風不可長，但因為每個人的價值觀和認真不一樣，不能期待客人和我們想法一樣。

最後要告訴大家——

不然這麼多公司為何要教服務用語呢？

> "
> 錯誤的應用，
> 可能會讓客訴越演越烈。
> „

為了可以提升服務人員的溝通技巧和應對進退，都一定要做服務用語和口語表達的訓練！

　　在第一線的服務人員每每碰到狀況時，結束後別忘了也要客觀審視整件事，想想看是否有可以改進的地方——「降低激怒客人的機率，提高解決問題的機會。」這樣下次再面對類似事件時，一定可以處理得更好喔。

聽錯一個字，
差點害阿拉伯客人破戒（嚇）

　　語言雖然是溝通工具，但是也可能造成溝通不良，差一點點就天差地別，一不小心就會變成嚴重的顧客抱怨事件！

　　如果真的犯了錯，那該要怎麼要道歉，或又該要怎麼彌補缺失呢？

　　接下來我們就要來看這個，因為語言誤解造成的嚴重客訴，令主管冷汗直流的一個故事。

　　杜拜飛休士頓的長班，做完餐飲服務，應該組員是很放鬆的休息時間。客艙也格外安靜，因為客人們都吃飽正在休息中。

　　在這個時候，商務艙的主管卻是很焦慮跑來找座艙長馬龍，她劈頭就說：「有一個阿拉伯女客人非常不開心，想跟座艙長講話！」

　　馬龍問說：「發生什麼事呢？」

　　商務艙主管搖搖頭，「我也不知道，她堅持要你過去親自

跟你說，她真的非常生氣喔！」

客人堅持不想講，也基於不要再激怒客人的狀態下，只好請座艙長出馬處理。

馬龍馬上走到這位阿拉伯女客人的座位旁，問她發生什麼事？

一問之下差點沒昏倒。

客人說：「服務她的組員，居然提供一杯有酒精的飲料給她，難道這位組員不知道我們不能喝酒嗎？」

聽到這裡馬龍瞬間頭痛起來⋯⋯這是犯戒啊！天啊～（抱頭）

在餐飲服務時，客人告知組員要一杯 apple spritzer（蘋果蘇打水），但是組員居然幫客人做了 aperol spritz（義大利國民調酒）。

客人喝了一口馬上發現有酒精在裡面，一整個氣炸了！

馬龍立刻去問那位空服員事情經過，那位服務商務艙的組員是英國籍的女生，她說當時有跟客人 double check（再確認）「是不是要喝 aperol spritz」，客人也有回應啊！而且她沒看到客人有戴 Hijab（頭巾），所以應該是可以碰酒精的，總不可能不給客人喝吧！

馬龍聽完之後，當下就知道是發音問題了。本來很優雅的英國腔在這時候整個害慘他⋯⋯

現在他要去處理這個棘手的事。

apple 和 aperol 雖然不一樣，但機艙裡有時噪音多，再加上英國腔發音，又講得很快，確實可能讓客人聽成 apple 了。

此時只好硬著頭皮準備去跟客人賠罪，馬龍心裡 OS 是阿彌陀佛陀神明保祐。

客人氣到臉超臭跟馬龍說：「這件事完全不能接受，而且還發生在阿聯酋航空！你們怎麼會犯這種錯？」

除了道歉真的只能道歉了，畢竟這是很大的錯誤。

他滿臉歉意的告訴客人：「關於這件事我們真的很抱歉，也了解這件事讓你有很不好的感受……」

客人說：「你們也太不專業了吧！組員連這個都會搞錯！不知道我們不能喝酒？」

在這種情況下，馬龍只能盡力大事化小，他解釋說：「因為組員是英國人，口音比較重，應該是因為發音的問題導致誤解，不過她不是故意要這麼做的，我們也從來不會這樣……」

很多阿拉伯人在上飛機後，就順勢把 Hijab（頭巾）拆掉。當組員沒看到傳統阿拉伯服飾，也想說應該沒有問題，事實上也有一些阿拉伯人一直在偷喝酒啊！

馬龍只好一直安撫客人，聽著客人一直不斷像錄音帶一樣重複，心想讓她說說也好，發洩一下可以消消怒氣。

同時馬龍告訴客人，為了表示歉意也想做一點服務上的彌

補來補償客人。

客人搖搖頭說不用了！臉看起來還是很沉重啊……

馬龍還是決定做點什麼（不然都喝了也不能叫客人吐出來啊……），跑到頭等艙，拿了兩個寶格麗皮製的盥洗包和睡衣。一組給了那位客人，一組給她的媽媽。

他誠懇的跟這位阿拉伯女客人說：「這是我唯一可以做的事情，這是質感很好的頭等艙過夜包和睡衣，希望你們可以收下。」

在處理服務補償時很重要的關鍵，不只要照顧當事者，連帶的也要顧及到同行的家人。

> "
> 難怪座艙長的薪水比較高啊，
> 真的是包含挨罵的費用啊！
> "

尤其又是像這種麻煩的 case（案例），更要加倍體貼才行！

還好座艙長長相很無害（笑），加上很有誠意的道歉，把傷害降到最低，客人沒有繼續爆炸，這已是很幸運了。因為這件事可大可小，嚴重的話，客人是可以告公司的！公司會吃不完兜著走，連帶著這位組員也有可能被炒，所以座艙長在當時的狀況下，其實是很緊張也很小心，最終的目的就是希望客人可以把大事化小。

針對客訴處理，也需要講究迅速正確的判斷能力和服務技

巧，這些都是服務能力的專業素質。

　　遇到這種事情完全理虧也只能當砲灰啊！

　　嚇到體重都輕了……

褪去空姐服

新冠肺炎疫情的改變：不上班沒錢，上班是冒超大風險

在疫情嚴峻的時候，多數的空服員都在休無薪假，但也有少數的空服員得要上班。

我的一位好朋友，班表上一整個月都沒班可以飛，只有一個禮拜的待命班而已。

原本以為也是不會被抓班，可以安全下莊休息。

但是！卻在待命結束之前 30 分鐘，居然被通知抓飛，要去飛德國法蘭克福的航班。

原本正常的時候，我們都會很開心被抓飛的好班，心裡也會很期待到了當地之後要去哪一家餐廳吃什麼美食，或是再去踩哪個景點。

不過在全球新冠肺炎疫情很嚴重的非常時期，這個時候要上班，卻也讓人心情七上八下，不禁緊張起來；因為疫情的關係，公司的政策是不允許組員離開飯店。

　　也就是說人必須要在飯店閉關三整天，完全不能出門，連隔壁的超市都不可以去，更別說還想跑去哪裡溜達了。

　　現在打包行李廂變得很單純樸實，一套睡衣、一套運動服，也用不上其他衣服了。但最重要就是要行李要裝一大瓶酒精、消毒抗菌紙巾、護手霜等，消毒會要用到的物品。另外，也要準備零食、泡麵、瑜伽墊，準備要關在房間裡抗戰，因為直接到啟程回香港那天，才會踏出房門了。

　　上班前，公司每個人發了口罩和一副護目鏡，每個人戴上之後，就好像是特種部隊一樣，心情也頓時戰戰兢兢起來；畢竟執勤的氣氛，已經和從前大不同。

　　以往，前往歐洲的班機上，都是充滿歡笑和吵鬧，現在幾乎沒有聊天的聲音，只能聽得到飛機轟隆隆的引擎聲。

　　在這個關鍵時刻，機上就如同戰場，需要面對生命上的威脅。

　　今天整架飛機也只有 60 個乘客，經濟艙大約 40 多人，商務艙也只有稀稀落落的幾個人。

　　當時按照規定要發「健康申報表」給所有的乘客填寫。

　　填寫完之後，組員要把收調查表收回來，並檢查看看是否有特殊情況。

　　結果……

　　看到有兩位客人，從疫情高風險的國家出發也就算了，問

卷上有一題問：「你是否曾經出現體溫超過37.5、咳嗽等症狀？」

客人居然回答：「YES！」

看到調查表的臺灣同事心裡出現第四聲的罵聲……」

香港同事則是：「Diu......」

大家都不寒而慄，非常的忐忑不安，深恐自己就會是被病毒看上的下一位。

一整趟飛行下來，只要手摸過的東西，包括廚房、廁所等等，一定會消毒一次；同事之間也會相互的確認護目鏡和口罩，有沒有戴好戴滿。

好不容易飛了11個多小時到了德國，有三整天的休息時間。

拿了分配好的鑰匙，一進到房間，大家以為就可以放鬆癱在床上休息嗎？

不不不，當然不能掉以輕心。

先是再度撐起要掉下的眼皮，花了一小時的時間，先把整個環境大消毒。

從洗手間、床、書桌、房間每一處都要擦過一次才行。

另外從飛機上帶下來的東西，像制服、行李箱、手提包，也都不能放過。

一路上從飛機到飯店，手已經消毒消到快破皮，終於可以

躺下來休息睡覺了！

但也是膽戰心驚的⋯⋯

我心裡想：「德國這樣的好班，之前是人人搶著想要做的，但曾幾何時，也變成大家避之唯恐不及，一點都不想待著的地方呢？」

不上班沒錢賺，上班也是冒著超大風險，但為了生活還是得要硬著頭皮上。

同來自臺灣的空服員打電話過來聊天殺時間時，她說：「還好有家鄉帶來義美小泡芙慰藉身心靈，不然我真的會崩潰，我一點都不想待在這裡，現在只想趕快回臺灣。」電話中她的聲音帶著一點無奈與有氣無力。

疫情嚴峻的時候，第一線的空服人員和醫療人員們，都是冒著極大的風險在工作，同時也須克服內心的恐懼。面對隨時有機會就成為下一個確診者的風險，他們身上所承受的壓力，是旁人無法想像的。

> "
> 如果你身邊剛好有朋友，
> 是這些高風險的工作者，
> 可以給他們一些鼓勵，
> 這些溫暖的加油打氣
> 可以給予他們更多力量！
> "

發燒了！天啊，
該不會真的中獎了吧！？

那幾天臺灣傳出在港澳轉機到義大利旅行，再經香港返臺後確診新冠肺炎的夫妻，讓抗疫之路更加緊繃。

當時開始有親朋好友跟我說：「你不要飛了啦！這個工作好危險，生命比較重要啊！」

這份工作是多少人搶破頭的，我從來沒有聽過這句話，居然會有這麼一天——飛完名古屋航班之後，我就要開始迎接無薪假期了。

我剛回來臺灣的那天是 2020 年 2 月 5 日，也就是政府開始實施「港澳回臺要強制做居家檢疫」政策的前一天，我剛好早一天回臺灣，所以要做健康自主管理！

2 月 8 日晚上 11：00 多左右，我突然覺得有點畏寒，然後頭越來越暈，越來越熱。

完了！

有點不祥的預感，趕快拿體溫計還測量，「嗶嗶」結果是 38.3 度 C。

噢！死定了！！！在這個時候居然發燒了！

大家知道發燒的時候，我正在做什麼嗎？

我正在打一篇搭飛機防疫文章，就是後來大家在粉絲團看到的那篇幾百個分享的文章。

當時快要打完了差一點點，我想要趕快打完。

想說打完文章，再來就醫（我怕去了醫院後暫時不能碰電腦了哈哈）。

都弄好後我就準備要去就醫了，我接著在弟弟和妹妹的群組跟他們說：「我有點發燒，然後我等等要通報 1922……因為我有港澳旅遊史，先跟你們說一下。」

我弟就說：「靠夭，是港澳回來的關係嗎？好可怕！趕快通報。」

我就為了安慰大家和自己就說：「可能是一般感冒啦！只是時間比較敏感！」

1922 給我指示是自行搭車去地區型醫院就醫，我問弟妹：「要去哪一間醫院啊？」

他們居然跟我說：「你現在不管去哪一間醫院都會被白眼吧！」

「你上一次過年回來我們有接觸耶！我們要不要隔？就這樣放假 14 天每天叫 Uber eat ？才剛過農曆年耶！」

嘴砲的弟弟和妹妹們超好笑，我一邊整理要準備就醫。

我有點小緊張的問他們：「我要帶什麼嗎？天啊！」

他們就說帶著媽祖娘娘香火和一顆平常心，哈哈！

到了醫院後沒多久燒退下來，醫護人員一刷我的健保卡後，知道我是從香港回來。

後來知道我是空服員後看了我一下，瞬間他往後了一步，光是跟我核對旅遊史他們就傻眼了，想說我從一月到二月去的地方好多，光港澳就好幾次……

醫護人員全副武裝，X 光機推進來，把東西都喬好後，醫生才進來幫我做快篩。

他一邊做一邊嚇我：「你這個疑似耶，咳嗽、發燒，有一半症狀耶！而且工作高危險群。」

我越聽心裡越毛，想說不會吧！我才飛這麼一個班耶……（天公伯啊）

我一個人在獨立的診間其實心情很百感交集，裡面只有病床和一支電話。

心裡一直想到剛剛醫生說的話，會不會有個萬一？

瞬間出現人生跑馬燈……

電話突然響起，是醫生打進來的，我秒速衝去接。

他說 X 片看起來肺部沒有異常，通報衛生局後，因為我一個人住可以居家隔離，在等快篩報告前，我都不能離開家。

接下來衛生局會跟我聯絡，不能再跟任何人接觸，要回家只有搭 119 了，不要再害計程車司機啦！（我又沒想害他，幹嘛這樣。）

當天半夜我是第一次一個人搭救護車回去，車上有全副武裝的醫護人員，到

> 感謝媽祖娘娘的保祐，
> 一般感冒而已！

我家前還為了不要造成警衛恐慌，停在他看不見的地方。（都全副武裝還要裝沒事，覺得人生真的很難！）

家人都被我嚇到不行！

在等待快篩結果出來前，超擔心在記者會上聽到「空服員確診＋1」。

還好是虛驚一場！（呼）

疫情愈來愈嚴峻，在飛機上的我們真的是第一線

2020 的農曆春節來得特別早，但這個春節卻因為新冠肺炎而人心惶惶。

首先是全臺灣開始瘋搶口罩，意識到要備用的時候，早已買不到了，不過還好臺灣防疫做得很棒，所以倒也不是太大的問題。

但隨著大陸的疫情越來越嚴重，甚至在國際間都陸續傳出疫情確診，在飛機上工作的空服員們就瞬間變成高危險，因為面對的是來自世界各國的旅客，不知道是從哪裡來，更不知道接觸過什麼。

偏偏這時，要準備回香港開工，心情有點百感交集……

準備了酒精噴霧和抗菌紙和我一起上班！

放完年假後的第一個航班是飛名古屋，到公司報到後，發現清一色準備要上班的組員都是戴著口罩，一眼望去大概也只

有外國機師們露出整張臉，只能說他們心臟很大顆。

參加飛行簡報時，日本座艙經理跟大家說：「雖然現在是非常時期，但大家也不用過度恐慌，自身的免疫力很重要，吃飽、睡飽、多曬太陽，讓自己的身體強壯起來！」

老總是當天唯一在簡報室裡沒有戴口罩的，她笑著說：「大家都戴口罩，我就很安全了啊！」

我心裡正想說她也太豁達了吧！沒想到，一上到飛機後看到她拿出的口罩才專業咧！是日本製的 N95 耶！（哈哈哈！）

這個名古屋班是組員們很愛的航班，先飛臺北，再前往名古屋，在當地有停留 24 小時的時間，再加上公司合作的飯店在市區，吃飯購物都無敵方便，所以大家都很愛，那時日本的疫情也還沒爆發。

座艙經理很幽默，在客人登機前特別跟大家喊話：「客人要來囉！別忘了要笑喔！雖然戴口罩，但眼睛可以笑喔！」

當天我在商務艙服務，客人登機前和同事一起戴了塑膠手套，飛了快 10 年，我還真的是第一次戴口罩加手套迎接客人啊！

一直都知道飛機裡有日積月累的細菌，但現在不只害怕飛

> 大家平常都很羨慕我們飛來飛去，
> 但此時此刻，
> 我們哪裡都不想去。

機上的細菌，更怕的是病毒，所以必要的保護措施還是要做！

沒想到手套戴沒幾分鐘，關了行李櫃，拿了一些飛機備品，發現手套就黃黃黑黑的，真是嚇歪我！

發現大部分的客人都很乖戴著口罩上飛機，畢竟飛機是密閉空間，又是抗疫非常時期，沒有人想冒險。

對我來說這份工作最辛苦的地方，是日夜顛倒，常需要熬夜，免疫力變差，生病都好得很慢。

我從來不覺得這份工作危險，但面對新冠肺炎疫情全球肆虐的危機，我們仍然需要服務客人，站在第一線面對來自世界各國旅客時，我才真正意識到，空服員的工作是高危險群。

大部分的人對空服員這個工作的想像都是帶著粉紅泡泡，光鮮亮麗又高薪，可以飛來飛去到世界各國去玩。

收到同事傳來的訊息，她說：「好不容易和男友喬好時間可以見面了，因為疫情的關係就沒辦法了。一回臺灣就要在家檢疫 14 天才能再出境，但這是不可能的啊！每次休假大概就是幾天，就又要趕回香港工作了。」

她難過到在公司掉下眼淚⋯⋯

我完全能理解那種心情，尤其是在香港爆發社區感染之後。

在香港工作的我們，當中有些人，未來有可能面臨一段時間不能回臺灣的困難。

不論選擇留下還是離開，同樣都是痛

不管選擇留下還是離開，都會有痛苦。

就算不被裁員，能不能繼續做，還是還能做多久，這一顆心短時間也是要一直懸在上面

從 2020 年 10 月開始就一直有傳言國泰航空公司要大裁員，裁員的數字變來變去，也有很多說法，新聞大標題常常出現，朋友們都會來關心問我。

其實我也是跟大家一樣看到聽到傳言，在新聞出來前我們的同事群組就都有收到消息，但公司始終沒有對員工有任何說明，但想也知道應該是早晚的事。

不是誰的錯，是因為疫情帶來的影響太巨大，航空業是首當其衝的重創，從阿聯酋航空開始大裁員時，就知道，走到這一步應該是早晚的問題，比較令人忐忑的是，不知道會是什麼時候？

在 10 月 20 日就有比較明朗的裁員訊息，也知道在 10 月

21 日時，就會有動作，當天晚上同事在群組裡面討論得快爆炸，我們心裡其實也都很緊張，因為不知道自己是不是其中之一，那天晚上很多人都很難睡。

我之前跟大家聊過我對裁員的心態，抱持著順其自然的心情，因為其實也飛很久了，對於未來想做的事也有目標，如果真的被裁，就是一個轉換跑道的時候，也做好了心理準備。

10 月 21 日我早上起床的時候，還沒看新聞，但已經收到一些朋友的慰問關心，打開新聞，每家新聞臺都寫著國泰即將大刀裁員 8500 人！

未來數週將裁減約 5300 名駐港員工，600 名非駐港員工。

很可怕的數字，而且完全直逼阿聯酋航空公司，當下看到最最令人難過的是國泰港龍就這樣走入歷史，當下我真的十分錯愕！

除了國泰，國泰港龍我真的很常搭，高雄香港的航程都是它，載著我回去香港上班，再把迎接假期的我載回來，組員們那套深藍色連身制服還有領巾，我一直覺得看起來很溫柔親切，這麼多年了令人很不捨啊！

他們平常飛的以短程航線居多，曾經看過他們的班表，一排看下去，密密麻麻，就是報紙班，幾乎每天都要上班，以高雄香港來說，一小時飛時扣掉前後起飛降落要準備的時間，都剩半小時了吧。

　　飛短班雖然飛時短，但在短時間內她們都要送餐走咖啡茶，根本像在打仗，對體力是很大的挑戰！

　　和國泰的空服員比起來，他們的組員生活真的硬很多，放假也比我們少。跟我們上一個長班出去一週，回來可以休三天或四天，根本天差地別，真的滿佩服他們。

　　之後再也看不到紅色的經典飛龍圖案了，對臺灣人來說，有美好的回憶。因為是香港航空公司，有很多粉絲都說他們覺得服務品質更好，所以不管工作、旅遊也會想選國泰港龍，尤其中南部的朋友，一定很常搭國泰港龍去香港，因為國泰港龍，不需要跑到桃園去搭飛機。

　　而對香港人說也是令人驕傲的 35 年歷史的航空公司！要跟它揮手道別，是一件很很感傷的事……

　　突然我接到 2 個媒體記者想問我關於公司大裁員的看法，當下我其實真的沒心情也說不出來，立刻就回絕了。

　　接下來更重要的是我要等消息等信件，因為我也有可能是要離開公司的人，有心理準備沒錯，但卻也五味雜陳。

　　可怕的是在當天中午，有同事說，公司專用來查詢班機資訊的 app 無故自己消失？

　　接著又有人說沒辦法登入公司網站，就開始很驚慌，因為這就是被裁員徵兆。

接著陸續也有人發生一樣的事，過沒多久，就有人說收到裁員的信件了⋯⋯

這對所有人來說其實是一件很煎熬的事，因為你不知道自己是不是下一個，被裁只是一下子，但是心情卻已經懸著很久了⋯⋯. 這個過程比被裁員還要令人難受！

在群組看著大家的回應，心情很混亂，因為那都是自己的同事，然後開著公司信箱看著等著，自己是不是下一個？

時間一分一秒過去，接著我看到很熟的朋友在臉書上 PO 出自己被裁的心情，完全不敢置信！

她打電話給我的時候很憤恨不平說：「自己很努力飛，飛得比別人時數要高要拚命，為什麼工作表現很好，卻會被裁？要裁應該是第一個裁你才對啊！你的事業做這麼大！」

聽到這裡我完全了解，原來我同事們應該真的一票人討厭我，也難怪我常常被檢舉了（囧）。

更可怕的是有對夫妻一起在國泰航空公司工作，小孩還沒滿一歲，正當工作進入軌道要衝刺時，兩個人一起被裁。

有我自己學妹，剛加入公司沒多久，好不容易考上夢想中的工作，變成我的同事，卻也逃不過這次的大裁員。

因為是很優秀的人，不管是性格還是工作表現，都讓人很喜歡的同事，看著真的心很酸很酸。

　　我們每次結束一個航班，都一定會跟同事說這句話：「Thank you for the flight.（謝謝您同飛！）」

　　今天看到即將離開公司的好同事們，發文寫著這句：「Thank you for the flight.」

　　心好酸好酸，因為很多同事都很熱愛飛行，然而這次卻沒辦法好好道別。

> "
>
> 我們都很渺小，
> 面對離別時，
> 沒有人可以無動於衷。
>
> "

　　做再多的心理準備都一樣。

　　我們有近一萬名組員，或許並不是都認識，但一起同在國泰的溫馨大家庭裡工作，真的就像一家人一樣。

　　穿著同一套制服，在這間公司一起努力很久了，沒想過會是這樣的方式跟同事說 bye bye⋯⋯

　　經歷過 SARS 和全球金融風暴危機，也都撐過去的公司，但在這一次新冠疫情的衝擊下，還是避免不了要走向裁員的路。

　　我們公司是航空公司中裁員動作比較慢的，因為經過長時間的深思熟慮，當然包含資遣方案、新合約的服務條款等等。

　　站在經營者的立場，生死存亡時刻這會是必要的手段和措

施，但對於員工來說是很大的打擊。

第一批被裁員的人除了國泰港龍所有人，還包含我們國泰組員約 2000 人，而我們在這一波被留下來的人就拿到一份新合約。

新合約把所有不同階級的組員的薪水都大幅調降，最多約百分之 36%，底薪也封頂了（意思是最高就拿到一個數字）。

若不幸之後遭到資遣，領的錢也跟第一次被資遣的人也會有差，而且年資越久的人也會越不划算（福利薪水方面我就不多做討論，因為牽扯複雜）。

但是不簽新合約，就要離職喔！

公司會解雇你，賠償方法和第一批被裁員的員工很類似，所以留下來的人其實很苦惱和害怕。

因為公司並沒有排除會再繼續裁員，短時間內還是要承受虧損，能夠撐多久是一個未知數，可以預期的是很可能會再大刀砍人。

留下來簽了新合約，一旦新合約生效就沒有選擇權，除了薪水福利都變很差以外，也很有可能在下一階段裁員就被犧牲！

而到時若真的不幸發生，到時公司要賠償的錢早已大不相同……

現在沒被裁，並不是代表之後就不會被裁，這才是最恐怖的！

簽了合約，保障的從來都不是自己的工作不會不見，真正

有保障的是公司！因為新的勞動條件和薪水計算方式都已經大不相同，未來繼續共體時艱可能還有一大段時日，這樣的薪資條件要在香港生活是很辛苦的。

就以一般空服員來說，每個月要付房租，很省很省跟同事睡上下鋪，這樣小空間的房租也都至少臺幣 15000 左右，還不包括其他日常生活必要的開銷，更別說我的朋友們有很多的房租都是超過臺幣 20000 元的！

香港的消費真的很高，在疫情這段期間，大家本來都已經很辛苦了！沒飛的半年收入減少，但開銷和支出都還是要付啊！

新合約簽與不簽，都需要好好思考。

每個人考量的東西不一樣，不管怎樣都要做出對自己相對有利的決定！

剛好一個粉絲私訊我，他是澳洲維珍航空的員工。

他跟我分享他的狀況，公司破產重組當時有提供資遣方案，算是全包都有付，他選擇留下來，結果新雇主現在要出新合約，條件差超多，他一整個很後悔，就像是買股票一樣，被套牢……。

當他看到我的發文特別有感，跟我分享他的經驗。

我看到一篇報導說：「已經減了的東西，就算未來公司狀況好起來，也不會再加回來了。」

很令人難過的話，但這就是現實吧！

很多事情真的很無奈，因為疫情讓很多行業受影響，也害很多人失去了工作。

工作就是這樣沒錯，很多因素我們無法控制，但至少不要白白浪費這一次的經驗，不能只考慮眼前了，也不能走一步算一步，因為時間是最昂貴的成本。

我們得去思考清楚未來的路，被裁員和選擇不簽合約的人都要面臨找工作。

選擇留下來的人也只能說暫時有工作，除了薪資福利變差以外，也要承擔再度被裁員的風險。

從現在我們能做的就是提早做規畫，因為假設不幸真的有那一次，也不會像這次一樣沒有方向很無助，你知道自己接下來還有什麼選擇。

航空業的同事們，大家都辛苦了，也繼續加油努力！

我知道很多人都多才多藝，就算未來不在天空飛，也會在其他的領域有更好的發展。

期望疫情危機可以早日結束，也希望我們

> "
> 熬過那些無法抉擇的時間，
> 才能選擇自己想過的生活。
> "

熱愛的航空業可以早日復甦。

　　送給每一位因為疫情影響生活和工作的人。

　　也想幫我的同事們加油打氣！

　　碰到生活和工作上的難處，可能很棘手讓你很挫敗，但一定要記得，在任何時候，我們都能努力不辜負自己，更相信未來也不會辜負我們！

選擇需要勇氣，選擇不要更需要勇氣

在公司裁員的消息出來後，公司推出新合約，就收到很多訊息問我：「Emily 你會簽新合約嗎？」

我喜歡飛行，但並不想簽新合約，我不禁開始想，離職的話下一步要做什麼？

我雖然有做自媒體，但也沒像其他人一樣有創自己的品牌，不管是賣衣服、保養品，若疫情持續下去，我的業配合作案也會繼續受影響，空服員培訓的課程這兩三年也無法再開，我可以就這樣離職嗎？那我要做什麼？

就在掙扎恐慌的時候，有一位同事跟我說：「你會想簽約嗎？你那麼拚的把自己打理得很好，準備得很齊全，應該沒什麼好怕的吧！」

聽到這句話，我突然想說：「對啊！在怕什麼，我花了 8 年，這麼累一邊經營自媒體一邊飛行，不就是為了要規畫自己

的未來嗎？」

　　一邊飛行一邊經營自媒體，是真的很辛苦，但我也這麼做了 8 年，這期間帶給我的收穫很難言喻。

　　但為什麼可以勇敢果斷的決定，有很大的原因是，原本愛的組員生活型態，在短時間內再也回不去了。

　　一旦沒了彈性的工作型態和時間，收入又少這麼多，勢必有所取捨。

　　或許是因為我幫自己創造了選擇權，但現實考量是目前航空業的狀況也很差，我要把時間完完全全的留給自己，做自己未來更想做的事。

　　宇宙其實就是按照我們的意念安排，如果你跟我一樣也相信吸引力法則，你一定懂這種感覺。

　　如果你有努力往目標前進，你會發現事情每一步的發展就是按照你的意思，不管是不是用你預期的方式，但它就是會發生！

　　其實我早有規畫想要離開，但疫情關係導致所有計畫都被打亂，但我相信現在就是最好的 timing（時機點）……

　　在一剛開始得知新合約的事，大概猜得到，公司其實是用這個方法讓一些人自己走。

　　我當時和朋友討論預估應該有 8 成的組員，最終都會簽下新合約，大約兩成的人不會續簽，會自己走人。十一月五日看

到公司說了有超過91.6%的人簽了新合約，比我預計得還要多。

等於如果有100個組員，就只有8個人沒簽。

留下來的同事們心裡一定也很難受，看著自己的朋友離開公司，不管是被裁員還是選擇自己走，這都不是預期的離別，說再見很不捨也很難。

11/4是簽約的最後一天，一旦晚上23:59前沒同意新合約，也正式代表選擇離開了。

不做的人最大，所以我決定開除老闆了！

把離職的消息跟粉絲們分享後，我開始陸續收到粉絲們的加油訊息。

「不管你做什麼決定，我們都會繼續支持你！」

「謝謝你帶我們走遍世界，每次看你的直播就好像我也跟著去了那些地方，去過米蘭、巴賽隆納、去過倫敦。」

「每次失敗時都是看著你的文章再次重拾信心，告訴自己不要放棄，謝謝Emily姊姊幫助我們圓夢。」

「不管你在哪裡，一定都能發光發熱的！」

很多粉絲說看到我的離職文章眼眶都紅了，因為大家都是從很久以前就跟著我一起飛行了。

平常時都在潛水沒有留言，但卻在我人生中很重要的時候

給我力量。我真的充滿感激。

和我一起同班受訓的同學跟我說：「都是因為疫情害我們沒辦法一起換制服，你就畢業了！」

對啊其實我們在疫情前都考完試了，也通過了，就要準備升職換黑裙了，本來理想的計畫是可以換了黑裙變成 Flight Purser（機艙事務長）再離職的。

結果疫情出現，我的黑裙本來跟我很近很近，但始終穿不到。

完美不可得，這才是真實的人生吧！

選擇要需要勇氣，選擇不要更需要勇氣。

失業是一種禮物，讓我再次檢視自己所擁有的，以前這麼辛苦的經營自媒體都能走過來，以後絕對可以開創更好的未來……

決定全職自媒體後，在今年 2021 有很多計畫，也陸續收到很多的邀約。

耽擱一陣子這本書可以跟大家見面，也參加了一個線上課程大計畫叫 Woman Power 女力學院，

> "
>
> 預測未來最好的方式，
> 就是創造它。
>
> "

藉由各種課程幫助女生們成就更好的自己。

也很幸運的收到服務音頻邀約課程，推出了我的第一個音頻課程：「高端服務力 Emily 報報的飛行觀察。」

還有一件更大的突破就是參加電視節目誰與爭鋒的海選，臺灣首創的職場口語表達選秀節目。

電視圈是完全不一樣的嘗試，想試試看自己可以做到什麼程度，挑戰自己的潛力。

我喜歡站在舞臺上說故事，當我發現自己的聲音和文字可以影響很多人。

在某些人的重要時刻，或者徬徨時，給他們鼓勵和啟發時，真的讓我覺得很有成就感，也覺得這件事很有意義。

期待未來可以在不同領域繼續成長學習，也散發更多正面影響力。

疫情是惡魔但也讓我們找到存活方式，也讓我做出下一步的決定，全心全意相信自己。

向前走，別回頭，
然後才有然後

擔任空服員的這十年，穿梭在世界中不同的城市。坐在組員椅上的每個起飛和降落，記錄下曾經發生的精采故事，都很珍貴，也會是我未來人生中很大的養分。

斜槓經營自媒體，常常因為工作爆量，熬過無數個爆肝夜晚，雖然有時忍不住自我懷疑，但現在，卻很感謝過去拚命的自己，沒有怕麻煩，沒有選擇放棄，才能遇見更好的自己。

這本書不僅僅是我十年空服員人生經驗的紀錄，在旅行和飛行的路上，支持我多年的讀者（蜜粉）們都有參與，也充滿我們共同創造的幸福回憶。

我會努力在下一段充滿挑戰的人生旅程，再次起飛。

我想告訴大家，或許我們無法改變環境，但是我們能夠改變自己。

我們都常常認為自己做不到某些事，即使作夢都很想試試，

仍是提不起勇氣！阻擋你的其實不是條件和能力，而是因為內心衝突和恐懼。但事實是，當你願意主動出擊，往前走每一步都是推進。只有這樣做，才有機會戰勝困境。

在人生轉彎處，你要全心全意相信自己。

努力向前走，別回頭，然後才有然後。

空姐報報 EMILY POST

比淚水更美的是，重新開始的勇氣與自信！

作　　　者／Emily（朱苪穎）
美 術 編 輯／申朗創意
企畫選書人／賈俊國

總　編　輯／賈俊國
副 總 編 輯／蘇士尹
編　　　輯／高懿萩
行 銷 企 畫／張莉榮・蕭羽猜・黃欣

發　行　人／何飛鵬
法 律 顧 問／元禾法律事務所王子文律師
出　　　版／布克文化出版事業部
　　　　　　臺北市中山區民生東路二段 141 號 8 樓
　　　　　　電話：(02)2500-7008 傳真：(02)2502-7676
　　　　　　Email：sbooker.service@cite.com.tw
發　　　行／英屬蓋曼群島商家庭傳媒股份有限公司城邦分公司
　　　　　　臺北市中山區民生東路二段 141 號 2 樓
　　　　　　書虫客服服務專線：(02)2500-7718；2500-7719
　　　　　　24 小時傳真專線：(02)2500-1990；2500-1991
　　　　　　劃撥帳號：19863813；戶名：書虫股份有限公司
　　　　　　讀者服務信箱：service@readingclub.com.tw
香港發行所／城邦（香港）出版集團有限公司
　　　　　　香港灣仔駱克道 193 號東超商業中心 1 樓
　　　　　　電話：+852-2508-6231　傳真：+852-2578-9337
　　　　　　Email：hkcite@biznetvigator.com
馬新發行所／城邦（馬新）出版集團 Cité (M) Sdn. Bhd.
　　　　　　41, Jalan Radin Anum, Bandar Baru Sri Petaling,
　　　　　　57000 Kuala Lumpur, Malaysia
　　　　　　電話：+603- 9057-8822　傳真：+603- 9057-6622
　　　　　　Email：cite@cite.com.my
印　　　刷／韋懋實業有限公司
初　　　版／2021 年 09 月
定　　　價／340 元
I S B N／978-986-0796-34-6
E I S B N／978-986-0796-33-9(EPUB)

城邦讀書花園
www.cite.com.tw　**布克文化**
www.SBOOKER.COM.TW